CÉU ACIMA TERRA ABAIXO

JOHN P. MILTON

CÉU ACIMA TERRA ABAIXO

Práticas espirituais com a natureza

BAMBUAL editora

Publicado pela primeira vez em 2006 pela Sentient Publications ed.
Esta tradução foi realizada a partir do original em inglês *Sky above, earth below: spiritual practice in nature.*

CURADORIA E DESENVOLVIMENTO
Christel Scholten
Marina Minari
Mônica Passarinho

COORDENAÇÃO EDITORIAL
Isabel Valle

TRADUÇÃO
Felipe Cunha

REVISÃO DA TRADUÇÃO
Marcus Telles

CAPA
Ricardo Ferrer

Milton, John P.

Céu Acima, Terra Abaixo: práticas espirituais com a Natureza / John P. Milton. – Tradução de Felipe Cunha. 1ª edição, Rio de Janeiro: Bambual Editora, 2023.

224 p. : il.

ISBN 978-65-89138-42-6

1. Ecologia humana. 2. Antropologia ecológica. I. Título. II. Milton, P. John.

CDD 304.2

www.bambualeditora.com.br
conexao@bambualeditora.com.br

Celebramos e Agradecemos

Celebramos e agradecemos a materialização de *Céu Acima, Terra Abaixo - Práticas Espirituais com a Natureza*, que disponibiliza muito dos aprendizados e ensinamentos que John P. Milton consolidou ao longo de sua vida a partir de práticas milenares, para milhões de falantes de português.

Este feito possibilitará com que mais e mais pessoas tenham um guia de integração e desenvolvimento genuíno com a Natureza, ampliando a capacidade de comunhão, respeito e colaboração para a libertação de todos os seres.

O engajamento com esta obra leva o indivíduo ao encontro da Natureza interna e externa, tornando-o íntimo de sua verdadeira Natureza. Com isso, motiva uma vida mais equilibrada e integrada com o que é vivo, transmutando bloqueios emocionais e sombras que impedem a realização de um ser mais pleno e feliz.

Honramos e celebramos, também e especialmente, a escolha de John P. Milton em dedicar sua vida à causa ambiental e espiritual, buscando a libertação de todos os seres, abrindo caminhos e nos inspirando a seguir por trilhas similares.

Desde muito jovens, tivemos - Christel, Marina e Mônica - uma forte conexão com a Natureza, o que virou um chamado para trabalhar em prol de sua proteção, regeneração e resgate da essência do ser humano em parceria com ela. Tamanha é a influência do trabalho de John P. Milton em nossas biografias, que nos instigou a ancorar o *Way of Nature* no Brasil, tendo como um dos projetos a tradução para o português desta sua obra *Sky Above, Earth Below - Spiritual Practices in Nature*, além da coordenação de seus retiros.

Nossas conexões com o John P. Milton - mestre, xamã, orientador espiritual, inspiração e amigo - ocorreram em momentos distintos de nossas vidas.

Christel e Marina, depois de participar de retiros com John, coordenaram os programas do *Way of Nature* no Brasil desde 2012 e participaram de duas formações de guias *Way of Nature* Mundial . Numa dessas formações, em Crestone, EUA, puderam entrevistar o Brian Arthur, economista, cientista da complexidade e aprendiz do John de longa data. Foi num retiro com a Natureza conduzido por John que o pesquisador idealizou a Teoria U, descrita e aprofundada por Otto Scharmer, em seu livro *Teoria U*. Mônica, na busca por experiências de conexão profunda com a Natureza que dialogassem com aspectos da contemporaneidade, e logo após um retiro com o John no Arizona, EUA, ancorou o compromisso da tradução desta obra em português.

No Brasil, os programas do *Way of Nature*, com a presença do John, aconteceram em diversas áreas protegidas. Em 2012, foi no alto Matutu, Minas Gerais, com apoio do Patrimônio do Matutu. Em 2013, foi a vez do Vale do Capão, Chapada Diamantina, Bahia, com apoio do Castelar da Alvorada. Em 2017, o retiro ocorreu na Pedra do Sabiá, nas serras de Itacaré, Bahia. Neste especial ano de 2023, comemoramos tanto o lançamento desta obra em português como a volta do John ao Brasil, desta vez, na Chapada dos Veadeiros, Goiás, no território da Terra Krya. Desejamos fortemente que este livro seja semente para muitos outros retiros.

Por fim, agradecemos as pessoas que, de algum modo, apoiaram a presença do John no Brasil desde a primeira vez: Henrique Vedana, Karla Oddone, Luiz de Midéa, Oscar Motomura, Patrícia Aguirre, Sylvie Shining Kunhã Karai, Karina Tatit, Eduardo Vitali, Marcelo Cavalcanti, Olívia Martin, Cris Leal, Hugo de Rincquesen, Alan Dubner, Rodrigo Alonso, Paulo Farine, Ariane Mates, Emi Tanaka; e, especialmente os alunos e parceiros do John de longa data, José Weiss e Maurício Goldstein.

Desejamos uma boa leitura e reconexão com a Natureza - interna, externa e verdadeira.

CHRISTEL SCHOLTEN
Diretora executiva da Reos Partners no Brasil

MARINA MINARI
Facilitadora de processos de desenvolvimento dialógicos e com a Natureza

MÔNICA PASSARINHO
Educadora e facilitadora onde a Natureza é a Mestra

Sumário

Prefácio

Com o Céu acima e a Terra abaixo aqui estamos nós, seres humanos, junto com todos os demais seres com quem dividimos nossa casa comum, nosso Planeta. Pisamos em chão firme, generoso e vivo, que nos origina, nos forma e nos acolhe. E podemos alcançar, se nossos anseios mais profundos puderem ser atendidos, cada vez maiores alturas, em direção ao céu, ao vazio, e à libertação.

Passamos por incontáveis processos de transformação, desde a primeira célula que pulsou, se reproduziu e se diversificou, e nos encontramos hoje aqui, criando velocidades que estão, ao que parece, muito acima do que as que nos conduziram a essa forma e a essas experiências atuais. Fazemos parte de uma aceleração, que tanto pode nos levar a seguir evoluindo como seres vivos que somos quanto pode nos fazer chegar mais rápido ao mesmo lugar onde já estamos.

Nem com toda a tecnologia, nem com essa quantidade imensa de objetos que nos rodeiam, nunca deixamos de fazer parte desse conjunto maravilhoso que convencionamos chamar de Natureza. Nossa Natureza humana nos provê, além de um corpo incrivelmente sofisticado e belo, de um mundo interior, formado por um jogo de luz e sombra, cujo acesso é aberto a todos que se sentem atraídos e confortados por sua riqueza de possibilidades. As Naturezas externa e interna evoluíram juntas como parte de uma rede contínua de vida.

Tanto o mundo externo, das formas e sua incessante dança, quanto o mundo interno em sua infinita possibilidade de aprofundamento, são inapreensíveis. Cada vez que alcançamos um passo, mais portas se abrem numa progressão contínua. Esse mistério nos assombra e nos atrai. Não acredito que possamos desvendá-lo, mas podemos mergulhar inteiramente nele e deixá-lo agir sobre nós a tal ponto que nos transformaremos na própria fonte que queremos conhecer.

Sempre me incomodei com relações utilitárias com a natureza. Elas representam cortinas que nos impedem de enxergar um sentido maior para a existência de toda a beleza e harmonia com as quais as formas de vida se entrelaçam e dançam conforme a música que é composta pelo seu próprio movimento.

Abrir as portas para experiências diretas cada vez mais profundas com a Natureza desenvolve a sensibilidade, amplia a percepção dos sentidos, aguça a capacidade intuitiva, proporciona caminhos para aquietar a mente, foca a atenção, revitaliza os processos de aprendizagem no âmbito escolar e não escolar, proporciona saúde e bem estar, traz entendimentos genuínos sobre o que pode vir a ser sustentabilidade e outras propostas afins, amplia o senso ético de modo a abranger todos os seres, proporciona conhecimento genuíno de si mesmo, oferece reflexões sobre o nosso modo de vida de forma conectada ao mundo vivo, desenvolve em nossas mentes o self ecológico, desenvolve um senso de reverência e de amor por toda a vida na Terra.

John Milton nos conduz por caminhos em direção a uma experiência com aspectos ainda mais sutis de nossa existência, atravessando as diferentes camadas históricas, culturais e subjetivas, para ir ao encontro do Grande Espírito, que é a essência de tudo quanto existe. O que ele nos oferece como reflexão e como prática engloba todo um campo de possibilidades a partir de experiências extensas com o mundo natural junto com referências ancestrais de diversas tradições, que durante milênios se dedicaram ao desenvolvimento espiritual por meio da conexão com a Natureza. É uma proposta que exige dedicação e firmeza por parte dos que a buscam. E as possibilidades de alcance são proporcionais!

Desde criança ele sentia uma profunda conexão com a Natureza e uma necessidade de vivenciar longos momentos de solitude, longe do mundo já muito formatado da cultura. Sua busca passou por caminhos xamânicos com diversos povos originários e por ensinamentos de diversas tradições do oriente, tendo se formado com importantes professores. Ele nos conta que nunca teve dúvidas de que o maior de todos os templos é a própria Terra, de que a floresta é o templo supremo. Seus ensinamentos e práticas são preciosos, traçando um caminho único para aqueles que sentem que a apreciação e a reverência pela Natureza são o próprio exercício da espiritualidade.

Suas necessidades e experiências lhe deram a certeza de que os momentos individuais com a natureza são sagrados pois nos colocam em contato com a fonte de nosso próprio ser, proporcionam uma profunda conexão com a mãe Terra e têm o poder de transformar totalmente a desarmonia dentro da qual a maioria das pessoas vive, além de oferecer-lhes novas direções.

Enquanto ficamos assoberbados com os graves e imensos problemas sociais e ambientais que nos cercam, John Milton nos alivia afirmando que "o verniz da civilização não é tão profundo." Essa camada que nos parece tão forte da cultura urbana e industrial, em alguns dias de solitude e em companhia de incontáveis outras formas de vida se dissolve. O artificial passa a ser substituído pelo genuíno, e a percepção de que somos separados dos outros seres desaparece ou diminui, deixando transparecer a grandiosidade da vida se expressando tanto na dança das formas do mundo exterior quanto na maleabilidade do jogo interno de luz e sombras que nos habitam, trazendo um vislumbre do que pode ser a libertação. A sensação de integralidade para quem passa por essa experiência é a demonstração da libertadora espiritualidade desse mundo vivo.

Tive o privilégio de participar de um retiro em busca da Natureza (Nature Quest) com o John Milton em novembro de 2017 em uma área de Mata Atlântica no sul da Bahia. Foi sem dúvida a experiência mais profunda com a Natureza que já tive. Senti claramente as camadas do meu próprio ser irem caindo e aos poucos, muito naturalmente, fui me esticando em todas as formas que ali viviam e participamos reciprocamente nas vidas umas das outras. Tive também longos processos de transmutação de diferentes medos em alegria e amizade com tudo ao redor. Quando foram me buscar de volta, no último dia do solo, pude sentir com clareza o que é meu em essência e o que é do mundo das relações humanas. Tudo ficou claro, transparente. Entendi porque eu amava tanto estar sozinha com a Natureza quanto com as pessoas. Sou ambas mas pude ter uma noção das dimensões de cada uma em mim.

As orientações oferecidas por ele nos dias que antecedem o solo são fundamentais. O relaxamento, a presença, o cultivo da energia universal, o amor incondicional, a abertura para a clareza, a luminosidade e a amplitude, e a volta à Fonte, detalhadamente apresentados neste livro, recheados de exercícios e meditações são essenciais para que se tenha uma boa experiência durante os dias do solo. É também um convite para integrá-los em sua vida diária, pois se somos natureza, todas as possibilidades do Universo pertencem também a nós e podemos viver de acordo.

Uma experiência como essa nos ajuda a caminhar com leveza sobre a Terra. Isso por si já é transformador, tanto dos nossos próprios gestos quanto daqueles ao nosso redor, e abre em nós possibilidades criativas nas formas de atuar para ajudar a cultivar a espiritualidade centrada na Terra e assim ajudar a revitalizar a própria Terra. E até, John Milton espera, que possamos influenciar culturas e religiões para que se movam na direção de uma espiritualidade centrada na Terra.

A presente edição em português representa um marco que vai estimular e ampliar as possibilidades de colocarmos em prática ensinamentos preciosos vindos de um grande Mestre, que tem uma experiência profunda com a Vida. Ele nos orienta para que possamos viver com sabedoria e amor por todos os seres, e nos dá a confiança de que podemos sim, participar do mundo permanecendo na Fonte.

Rita Mendonça
Facilitadora de aprendizagens com a Natureza
Instituto Romã de Vivências com a Natureza

São Paulo, abril de 2023

Os Doze Princípios da Libertação Natural

Em uma era muito anterior a igrejas e templos fechados, as pessoas comungavam diretamente com o Espírito sagrado sobre o corpo da Terra, abraçadas pela vastidão do céu acima e pelo chão amoroso da Terra abaixo. A Natureza foi experimentada como uma criação fluida do Divino - um santuário da Natureza onde se podia reconhecer a sacralidade da vida sem interpretações de intermediários. A Terra fazia parte da forma física do Grande Espírito; o céu espelhava a imensidão infinita do Ser sem forma que deu nascimento a toda a criação e a sustentou.

O mistério de estar na forma humana foi explorado através de práticas xamânicas antigas, por meio do trabalho íntimo com todos os seres vivos e os elementos sagrados da Natureza. Naquele tempo, não era incomum que as pessoas fizessem retiros solitários prolongados na natureza selvagem e rituais de Busca de Visão nas florestas, montanhas e desertos, onde elas se abriam para níveis profundos de realização espiritual. Animais, pássaros e árvores eram vistos como parte de uma família íntima, e durante as Buscas da Visão, eram frequentemente vistos como grandes professores para as pessoas. Por causa dessa visão sagrada, toda a vida era experienciada como um todo – sem separação do sagrado e do mundano –, nenhuma divisão arbitrária ou rígida entre o Espírito e a matéria. A Mãe Terra, Gaia, era o templo, o santuário e o altar. Ela era o limiar para a realização direta da Grande Natureza que sustenta a todos nós.

Nós, e nossos primeiros ancestrais humanos, co-evoluímos com Gaia através de inúmeras mudanças e migrações ao longo de milhões de anos. Durante esse tempo, em um processo de interação contínua com a Natureza e a Terra, nossa natureza física, energética, emocional, mental e espiritual tomou forma. A natureza interna e externa co-evoluíram juntas como parte de uma rede contínua de vida. É por isso que muitos de nós nos sentimos tão em casa orando, meditando e fazendo cerimônias com a Natureza selvagem. Tais formas naturais de cultivo espiritual remontam a pelo menos cinquenta mil anos e quase certamente mais, em contraste com as linhagens históricas modernas e instituições religiosas que alcançam seis mil anos ou menos.

Hoje, nosso mundo moderno está cheio de maravilhas de alta tecnologia. Nossa existência urbana nos cerca de ambientes lotados e artificiais, construídos com plástico, aço, concreto e vidro. Toxinas ambientais, estilos de vida altamente estressantes, alimentos desvitalizados, barulho alto, campos eletromagnéticos não naturais e radiação de microondas atacam nossas células e sensibilidades. Compostos químicos voláteis frequentemente saturam nossas casas, escritórios e comunidades. Todas essas mudanças nos impõem formas únicas de ansiedade, tensão e estresse. São ambientes desestabilizadores que são biologicamente novos para os seres humanos. Nossas mentes, emoções e corpos são, frequentemente, incapazes de lidar com esses estresses artificiais radicalmente novos. Consequentemente, as taxas de câncer, doenças cardíacas, obesidade, sofrimento emocional e colapso psicológico se espalharam rapidamente, juntamente com o crescente impacto mundial da tecnologia moderna e dos modos de vida.

Quando deixamos essas tensões por um tempo para cultivar nossa inerente totalidade na natureza selvagem, somos renovados com a nova vitalidade e espírito da Natureza. Novos caminhos se abrem para viver em harmonia com nossas comunidades e a Terra. Descobrimos inspiração profunda para ajudar a transformar nosso estilo de vida e nossa cultura em direção à harmonia e equilíbrio.

Céu Acima, Terra Abaixo: práticas espirituais com a natureza destila a essência de muitas tradições ligadas à Terra que levam à realização da

Fonte e à comunhão amorosa com Gaia e todos os seres vivos. A exposição a essas tradições abriu e continua a abrir caminhos que levam da Natureza externa para a essência da profunda consciência da Fonte dentro de nós. Para ajudar as culturas contemporâneas a trilhar o mesmo caminho que as antigas culturas de sabedoria, destilei uma série de doze princípios centrais, e práticas que os acompanham, para o cultivo espiritual.

Meus "Doze Princípios de Libertação Natural" foram essencializados nos últimos cinquenta anos através do treinamento pessoal com muitos excelentes professores, bem como da conclusão de inúmeros retiros de meditação, *Sacred Passage* e Buscas da Visão na natureza selvagem. Grandes *insights* me vieram como presentes por viver em alguns dos lugares mais selvagens da Terra, residir em vários de seus locais mais sagrados e trabalhar em muitas expedições e projetos ambientais. Habitar em culturas remotas, um tanto adversas aos tempos modernos, abriu minha visão da imensidão de possibilidades que nós carregamos como seres humanos; muitas dessas culturas me iniciaram na visão xamânica mais profunda do que significa ser humano. Toda essa experiência contribuiu imensamente para definir os doze princípios. Ainda que muitos de meus professores tenham sido extraordinários em suas habilidades de ensino e transmissão, minha própria capacidade de receber e conter esses ensinamentos tem sido, muitas vezes, limitada. Portanto, assumo total responsabilidade por quaisquer erros ou omissões na criação desses doze princípios.

Embora alguns desses princípios sagrados sejam esclarecidos de maneira soberba por alguns de meus professores e mentores de diferentes tradições, minha esperança era, por fim, reunir esses conceitos básicos e essencializá-los para mostrar o coração espiritual comum que bate na maioria das linhagens do mundo. Quando pudermos começar a ver os fios comuns percorrendo a matriz das religiões humanas deste planeta, então poderemos soltar a fixação em nosso próprio caminho como o único caminho verdadeiro. Não vamos mais abusar ou matar outros se eles se recusarem a se juntar ao nosso credo; pararemos de reproduzir intolerância em direção àqueles que têm outras formas religiosas, outros símbolos e outros caminhos. Em vez disso, esses doze princípios podem começar a nos mostrar o quanto em comum compartilhamos com outras tradições; à medida que isso se desenrolar, nosso fundamentalismo hipócrita vai minguar. Podemos, talvez, começar a honrar a incrível diversidade de como o Espírito elucida um princípio específico e até aprender com essa rica tapeçaria de expressão.

Uma vez que eu tenha apresentado os doze princípios, este livro focará nos seis princípios essenciais dentre os doze; esses seis princípios básicos representam uma forma ainda mais condensada do caminho espiritual. Por todo o livro, também enfatizarei a Natureza, o corpo, a percepção, o cosmos e a Mãe Terra como os templos mais antigos e verdadeiros. Também exploraremos as profundezas do templo mais íntimo – o luminoso e espaçoso santuário da Fonte que irradia do coração vivo de todas as espécies e da própria Gaia.

Os Doze Princípios da Libertação Natural

Como mencionado acima, a concepção dos doze princípios apresentados aqui envolveu muitos anos de estudo, treinamento profundo e cultivo espiritual em algumas das tradições do mundo mais profundamente iluminadoras e conectadas à Terra. A partir da década de 1950, várias linhagens libertadoras e que honravam a Natureza foram um foco importante para meu treinamento. Especificamente, esse treinamento enfatizou o budismo Zen, Mahayana e Vajrayana, o taoísmo, o T'ai Chi e o Qi Gong, o Dzogchen, o tantra hindu e budista, o vedanta e vários caminhos xamânicos. Também foram tremendamente inspiradores para mim a vida e os ensinamentos de Henry David Thoreau e John Muir, bem como a ciência da ecologia. Esses doze princípios, ainda, são o culminar de muitos anos (a partir de 1945) de imersão individual, Busca da Visão e prática espiritual na natureza selvagem. De todo esse contexto, surgiu o que é essencial desses princípios. Para mim, esses princípios sagrados representam a essência do coração comum das linhagens libertadoras e que honram a Terra.

Minhas primeiras Buscas da Visão individuais começaram aos sete anos nas Montanhas Brancas de New Hampshire. Continuei fazendo essa prática duas a quatro vezes por ano na adolescência e, desde então, continuo com pelo menos algumas experiências dessas por ano ao longo da vida. Em meados da adolescência, minha primeira Busca da Visão de um mês aconteceu nas Montanhas Olímpicas do Estado de Washington. (Algumas dessas experiências nas Montanhas Olímpicas são compartilhadas mais adiante neste capítulo.) Toda essa experiência de imersão individual na natureza selvagem transformou profundamente minha visão de mim mesmo, da humanidade e de toda a vida. Essas transformações levaram, no início da adolescência, a convidar jovens amigos para fazerem Busca da Visão comigo em acampamentos imersivos individuais adjacentes. Eu rapidamente descobri que alguma forma de treinamento preparatório era importante, mesmo necessário, para o aprofundamento e realização plena da experiência deles. Na década de 1950, comecei a oferecer ao ar livre um treinamento meditativo simples, baseado na prática do zazen, bem como em várias outras que vieram diretamente como presentes do Espírito. A maioria dessas práticas inovadoras tinha a ver com meditar nos campos da percepção ao ar livre e com unificar a si mesmo e a Natureza através da visão, som, toque, olfato, paladar, movimento, emoção e pensamento.

À medida que meu treinamento formal em zazen e taoísmo se aprofundava, do final dos anos 1950 para os anos sessenta e setenta, surgiu naturalmente mais inspiração para servir aos outros. Continuei a evoluir e a integrar as práticas de meditação e de cultivo da energia com a Natureza com o processo de Busca da Visão. Essa combinação continua até hoje como base para o Programa de *Sacred Passage* de doze dias, o Treinamento Intermediário de Consciência e a imersão individual de 28 dias, o Treinamento Avançado de Consciência de quatro anos, o sistema de movimento GaiaFlow e o estabelecimento de *The Way of Nature*™, uma comunhão de almas com mesma afinidade.

A partir da década de 1970, comecei a fornecer treinamentos mais abrangentes, que vim a chamar de Treinamento de Conscientização, para aqueles que estavam fazendo treinamentos da *Sacred Passage* e individuais comigo. Muitos de meus alunos vieram de formações e culturas extraordinariamente diversas. Devido a essa grande diversidade, comecei a ver o valor de essencializar muito do que havia aprendido em ensinamentos simples e diretos que pudessem falar a um coração comum em todas as pessoas. Esse foi o começo da síntese dos doze princípios da libertação natural. Inicialmente, eles cresceram lentamente. Lembro que relaxamento e presença foram os dois primeiros que formaram o núcleo dos ensinamentos do Treinamento de Conscientização. Desde então, os princípios cresceram organicamente até os doze atualmente usados.

Para construir uma base sólida para o cultivo e a realização de cada princípio, ao longo de décadas eu integrei centenas de práticas ao Treinamento de Conscientização do *The Way of Nature*. Cada princípio agora possui uma ampla variedade de práticas para ajudar a apoiar a pessoa na realização de sua essência. Cada uma delas serve para cultivar a verdade de cada princípio interno. Como somos todos diversos e únicos em nossa composição, essa diversidade de práticas ajuda a afinar o cultivo interno de uma maneira que pode ser exclusivamente apropriada para cada indivíduo. Uma série específica de práticas pode ser excelente para uma pessoa, mas inadequada para outra. No entanto, a ajuda de um guia ou professor qualificado é, geralmente, vital para ajudar a selecionar, ensinar, aplicar e evoluir a série de exercícios de um aluno. Essa orientação é importante porque, geralmente, somos mais cegos para as áreas em que precisamos de mais ajuda. Nossos bloqueios mais profundos são, muitas vezes, os que mais temos dificuldade de ver. Aqui, um bom professor pode ser um presente de Deus.

A maioria dessas formas de cultivo foi extraída de sistemas tradicionais com histórico comprovado, como meditação budista e taoísta, xamanismo tibetano, Qi Gong e T'ai Chi chineses, Yoga, Advaita Vedanta indiana e Dzogchen. Em alguns casos, eu ou alguns de meus alunos mais experientes criamos práticas inteiramente novas para ajudar na realização espiritual. Atualmente, um corpo de mais de oitocentas práticas apoia o cultivo profundo, a incorporação e a realização de todos os doze princípios.

Esses princípios são apresentados aqui em uma sequência progressiva de crescimento interno que funciona bem para a maioria das pessoas. Por exemplo, ouvir o primeiro princípio – a natureza interconectada e em constante mudança de todas as suas formas surgindo da Fonte primordial e se dissolvendo nela – estabelece as bases apropriadas para o engajamento no segundo princípio, nosso compromisso pessoal de realizar essa verdade atingindo a libertação. O compromisso espiritual com a libertação é vital para que possamos entrar e progredir no caminho; a libertação espiritual também é essencial se quisermos ser verdadeiramente úteis a todos os seres vivos. Mas é no terceiro princípio, relaxamento, que a maioria de nós deve realmente começar a cultivar nossa exploração interior. Se estivermos preenchidos de contrações corporais, emocionais e mentais, sobra pouco espaço para a prática da meditação, e muito menos para a abertura ilimitada do verdadeiro *insight* espiritual. Soltar nossa contração estabelece as bases adequadas para liberar nossa distração. Nossas vidas distraídas começam a naturalmente se simplificar quando percebemos o poder da presença. Este quarto princípio, a presença, é o companheiro necessário para o relaxamento. Presença pura em si mesma *é* a visão desperta. Sem a união do relaxamento com a presença, as qualidades essenciais da consciência alerta, aberta e relaxada não poderão ser realizadas. Neste sentido, todos os princípios se fortalecem mutuamente.

No entanto, esse desdobramento sequencial do primeiro ao último princípio não é uma regra rígida. Em última instância, os doze princípios são reconhecidos como uma matriz multifacetada, onde é possível entrar a partir de muitas portas, dependendo da nossa situação singular. Trazidos em conjunto, esses doze princípios e suas práticas associadas formam um com todas as denominações de ensinamentos distintos que constituem a essência do coração de *The Way of Nature*™.

Cada princípio representa uma semente chave para a abertura do despertar espiritual comum a cada uma das grandes tradições libertadoras – no entanto, em *The Way of Nature*™, o verdadeiro compromisso é direcionar a iluminação espiritual, em vez de enfatizar as formas e os símbolos externos de uma linhagem ou religião específica. Espero que a iluminação desses doze princípios coletivos ajude aqueles de vocês que praticam uma religião em particular. Você poderá experimentar com mais clareza a natureza fundamental do seu caminho e desenvolver um grande respeito por todos os outros caminhos que compartilham esses mesmos princípios universais. Para aqueles que procuram um caminho direto para o sagrado, esses ensinamentos são oferecidos na esperança de que sejam úteis em sua jornada para o ilimitado.

Segue um resumo conciso dos doze princípios para a libertação natural:

1. A verdade fundamental: todas as formas são interconectadas, mudam constantemente e continuamente emergem e retornam à Fonte primordial.

Todas as formas materiais e todas as formas energéticas, perceptivas, sensíveis, emocionais e de pensamento são totalmente interconectadas e interdependentes. Além disso, todas essas formas, incluindo o sentido do eu individual, estão constantemente mudando e se transformando. Fundamentalmente, todas as formas estão em um processo contínuo de surgir, manifestar-se internamente e dissolver-se novamente na Fonte de consciência primordial, essencialmente sem forma. Em um nível profundo, todas as formas são transitórias e vazias de um ser permanente. No nível mais profundo, todas as formas, inclusive nós mesmos, são uma exibição mágica da Fonte sem limites e sem forma, que é a nossa verdadeira essência. Temos a opção de resistir a essa verdade fundamental, e sofrer; ou se render a essa verdade - e dançar no fluxo.

2. Comprometa-se totalmente com a libertação nesta vida.

Pessoalmente, recomendo que você se comprometa, cem por cento, à completa libertação, à realização iluminada da verdade fundamental, nesta vida. Além disso, este princípio recomenda que você dedique todos os frutos de sua vida e caminho ao maior benefício e serviço possível para todos os seres.

3. Relaxe e entregue-se à vida.

Relaxe por completo e se entregue profundamente. Para começar, primeiro localize onde você ainda mantém contrações e tensões em seu corpo, emoções e mente. Então, aprenda a liberar as contrações e relaxar seu corpo, suas emoções, sua energia, seus pensamentos e sua mente. Abandone velhas ideias, julgamentos, emoções e estruturas; suas próprias expectativas; sua necessidade de aprovação ou aceitação; e sua ideia de progresso. Com o tempo, substitua seus velhos padrões habituais de medo e contração automática diante da vida por novos hábitos que ajudem a vivenciá-la com abertura e desapego. À medida que você se aprofunda ainda mais, passe a confiar completamente em sua vida em desdobramento. Confie em si mesmo para relaxar e esvaziar completamente e permanecer aberto para o agora. Por fim, sua profunda confiança leva você ao nível máximo desse princípio: rendição. Nesse estágio mais avançado, até o esforço de deixar ir e confiar é liberado, e você se rende completamente ao fluxo das formas de vida; o seu ser se ancora sem esforço na estabilidade da presença atemporal.

4. Permaneça no agora.

Torne-se consciente de suas distrações. Se necessário for, até mesmo medite de maneira unifocada no fluxo de suas distrações internas e externas. Seja paciente. Com o tempo, enquanto você medita regularmente, o fluxo de distrações deve começar a diminuir, permitindo que a consciência centrada no presente se manifeste. Permaneça nessa presença pura. Dê atenção cada vez mais precisa e clara ao aqui e o agora – medite no instante exato do momento presente e do ambiente ao redor – enquanto você os experimenta diretamente. Liberte as distrações ainda mais profundamente; fique com a percepção, a emoção ou o pensamento presente à medida que ele surgir, em vez de se retirar para o passado ou saltar à frente para o futuro. Refine o estado do agora. Esteja precisamente onde você está. De fato, perceba que estar exatamente onde você está *é* a verdade fundamental e inevitável. Quando lacunas aparecerem naturalmente entre os pensamentos, quando espaços abertos surgirem entre as emoções, repouse na lacuna. Deixe a clareza de sua pura consciência se estabelecer naturalmente em si mesma. Aprecie a bem-aventurança do repouso no agora.

5. Cultive a união com a energia universal.

À medida que você relaxa, antigos bloqueios corporais, emocionais, energéticos e mentais se soltam, liberando a força vital (que é chamada de *chi* ou *qi* pelos chineses – ambos termos são pronunciados "tchi") então ligada a eles. Quando combina a consciência centrada no presente com o relaxamento, você pode aprofundar a jornada de desbloquear sua energia interior. Traga gentilmente sua consciência para níveis cada vez mais profundos de corpo, emoções e mente. Onde quer que sejam descobertos obscurecimentos internos, relaxe e gere a intenção de liberá-los. Refinando o relaxamento e a presença interior, sinta sua força vital ser liberada.

A união de relaxamento e presença leva ao cultivo natural de sua força vital. Lembre-se que a intenção de sua mente conduz o *qi*. Combine essa intenção firme, porém gentil, de esclarecer e reunir força vital com posturas e formas de cultivo de energia. Unifique relaxamento, presença e intenção. Encontre um local tranquilo e natural ao ar livre, onde a energia é clara e renovadora. Com alguma prática, você provavelmente sentirá diretamente essa qualidade regeneradora. A manhã é o momento ideal para absorver o *qi* claro e fresco da Natureza. Esteja totalmente presente com a intenção clara e relaxada de receber os dons da força vital da Natureza. Passe algum tempo de qualidade em um lugar especial para você na Natureza – praticando todas as manhãs Qi Gong ou outra disciplina de cultivo de energia para purificar, reunir e refinar seu *qi*. Então, absorva a energia curativa da natureza por meio de intenção, presença e relaxamento.

O final da tarde e a noite são bons momentos para liberar bloqueios. No fechamento do seu dia, reserve um tempo adicional para realizar práticas de energia que ajudem a eliminar bloqueios e obscurecimentos acumulados. Antes e depois do seu cultivo interior, de manhã e de noite, agradeça pelos presentes do *qi* curativo das plantas, das pedras, dos elementos, do Sol e da Lua e da Mãe Terra.

Nas suas demais horas de vigília, à medida que avança em seus desafios diários, aprenda a purificar espontaneamente os bloqueios em seu corpo energético com essas habilidades em desenvolvimento de relaxamento, presença e intenção unificadas. Aprenda a renovar sua força vital no meio da atividade diária. Sem união com a energia universal não pode haver verdadeira transformação. Os métodos de cultivo que ensinamos e utilizamos em *The Way of Nature*™ incluem Qi Gong, meditação taoísta, T'ai Chi, Yoga, trabalho de cultivo de energia Dzogchen e práticas específicas de energia xamânica para trabalhar diretamente com a Natureza, o cosmos e os elementos. Muitos destes são unificados em nosso sistema de movimento naturalmente libertador, o GaiaFlow.

6. Siga com o fluxo universal.

    Por fim, ao longo de uma vida inteira de prática, você pode realizar a verdadeira maestria da energia: a capacidade de fluir em completa união com a energia universal, independente do que possa estar acontecendo externamente. Aqui o caminho da libertação por meio do cultivo de energia chega ao seu fim. Nesse ponto, a necessidade de práticas formais de energia desaparece. Esse princípio é incluído aqui como um lembrete de que, no final das contas, até o apego a práticas poderosas de cultivo de energia, como no taoísmo, no tantra e no Dzogchen, é liberado. Nesse estágio de libertação mediante o cultivo de energia, o fluxo de movimento natural e quietude expressa sem esforço a Fonte criativa. A pessoa experiencia a dança criativa da forma e energia como pura bem-aventurança se manifestando no campo da consciência da Fonte.

7. Descanse no brilho de seu coração aberto.

    O relaxamento e a presença se unem internamente para ajudar a desbloquear e cultivar a força vital radiante. Você percebe e experimenta essa radiação como amor puro e incondicional. Não há condições prévias para essa experiência, que surge naturalmente como a qualidade direta e íntima da energia relaxada, presente e liberta. Através do aprofundamento natural dessa radiância aberta e calorosa, a separação entre o eu e o outro gradualmente se dissolve.

8. A compaixão ativa emerge naturalmente do amor incondicional.

    A atividade natural do amor aberto e incondicional é a ação compassiva. Essa bondade expressiva surge espontaneamente, momento a momento, a partir da essência do seu coração. Sua atividade compassiva pode se manifestar através de práticas internas como Tonglen ou com o serviço externo que busca eliminar o sofrimento e trazer a paz e felicidade para todos os seres vivos. Essa abertura do coração à compaixão ativa surge naturalmente do desdobramento interno dos princípios um a sete.

9. Atravesse até a claridade.

Atravesse para a clareza, vastidão e luminosidade da pura consciência da Fonte. Em alguns casos, esse atravessamento ocorre com a ajuda de seu professor humano; em outros casos, pode surgir por meio da graça do Grande Mistério. Tal evento pode ser poderoso, como um raio; ou pode ser muito sutil, como o som de uma folha caindo e tocando a Terra. Poderoso ou sutil, ele interrompe o mundo em um instante e atravessa todas as distrações, contrações, apegos e aversões – todos os obstáculos – rumo à experiência direta da Fonte. Os obscurecimentos internos, incluindo o apego à bem-aventurança de um coração aberto, são atravessados em um momento, revelando a consciência prístina – a essência nua da Fonte.

10. Retorne à Fonte.

O nono princípio rompe a casca da semente do ego que vem bloqueando a Fonte. Com o alvorecer da clara consciência, a Fonte é realizada como a realidade subjacente da qual todas as formas, incluindo você mesmo, se manifestam. Esse incondicionado primordial não tem forma, mas dá origem a toda forma, sustenta toda forma e é o receptáculo final para a dissolução de toda forma. A Fonte possui amplitude e clareza ilimitados, como o céu. Aplicada a um indivíduo, a Fonte é a realidade mais fundamental, simples, completa e perfeita – é quem realmente somos. Como nenhum termo pode realmente descrevê-la, muitas vezes, simplesmente aponto para ela por meio da expressão Grande Mistério.

Ele pode ser realizado rastreando nossas percepções de volta à consciência primordial – aquela consciência pura dentro de nós mesmos, que é nossa natureza mais profunda. Quando essa essência é realizada, percebe-se que é indestrutível. É infinita e está além de todas as medições e descrições convencionais. Nunca nasceu e nunca morre. Quanto mais a pessoa se aproxima da Fonte, mais síncronos os eventos se tornam. Quando a Fonte é acessada, uma criatividade extraordinária se manifesta. A maioria das grandes invenções e inovações surgiram por meio de uma profunda comunhão com a Fonte.

11. Consciência da Fonte pura é: permaneça em reconhecimento.

Permaneça no reconhecimento contínuo, completo e fluente da consciência da Fonte: a luz clara e sem forma - não-nascida, imortal e ilimitada. Quando alguém domina os princípios de um a dez, o caminho culmina naturalmente em permanecer na consciência da Fonte. O compromisso total com os dez princípios anteriores (e as práticas que os cultivam) resulta inevitavelmente em permanecer no reconhecimento perfeito e contínuo da Fonte. Essa é a condição natural da perfeita libertação; todas as formas, internas e externas, são simplesmente experimentadas como a exibição natural da pura criatividade da Fonte.

12. Sirva como um guerreiro do coração aberto e do espírito livre.

Este é um princípio de guerreiro. Mas o aspecto guerreiro, aqui, vem no desafio de abrir seus níveis mais profundos de viver os doze princípios. Não apenas para você, mas permitindo que eles floresçam para servir outros seres humanos, todas as espécies e a própria Gaia (Mãe Terra). Aqui você volta ao abraço completo no mundo, independentemente do quanto você já tenha conseguido integrar os onze princípios anteriores em sua vida e ser. A chave é levar cada um desses princípios à interação criativa com os desafios da vida cotidiana. Ao cultivar ativamente cada princípio, você dedica sua atividade à felicidade e libertação de todos os seres em seu campo de relacionamento.

Por exemplo, ao aplicar o terceiro princípio, você não apenas relaxa a contração em sua própria vida, mas também procura ajudar os outros a se tornarem mais abertos, relaxados e confiantes. Ao lidar com o oitavo princípio, você se torna um guerreiro compassivo do coração aberto, em serviço ativo por toda a vida. Sempre que possível, você oferece assistência amorosa e compassiva a todos os seres vivos.

Com a aplicação completa do décimo segundo princípio, finalmente todos os onze princípios anteriores são naturalmente unificados e expressos na radiância, momento a momento, da atividade compassiva e liberta que surge criativamente da Fonte. Todos os princípios se tornam naturalmente unificados; você se dedica ao apoio compassivo a toda a vida em todos os aspectos da existência normal – nos seus negócios, na sua vida civil, ecológica e pessoal.

O décimo primeiro princípio é o reconhecimento claro e espontâneo da Fonte em todas as circunstâncias. A Fonte, luz clara e sem forma da pura consciência, é ela própria a origem mais radical de toda a criatividade. De sua profunda comunhão com a Fonte, surgem continuamente maneiras novas e inovadoras de engajamento com a vida. Essas novas formas de resposta criativa, quando são claramente reconhecidas como surgidas da consciência primordial original, têm a capacidade de trazer novos meios profundamente apropriados de cura, felicidade, integração e libertação para todas as nossas relações. O Um mais profundo repousa na Fonte sem forma, mais vasta é o afloramento criativo de formas que se desenvolvem com frescor – formas a serviço do todo e de todas as suas partes.

Abraçar esse *insight* puro e criativo com confiança, ação amorosa e livre é o caminho do coração do guerreiro compassivo.

13. Não leve esses doze princípios muito a sério.
    - Não se apegue a todos esses princípios.
    - Sorria.
    - Celebre a dádiva da vida.
    - Aprecie o uivo do coiote.

Os Seis Princípios Centrais da Libertação Natural

Os capítulos seguintes apresentarão a você seis princípios fundamentais do cultivo espiritual. Essencializados a partir dos meus doze princípios brevemente resumidos acima, os seis princípios a seguir representam os ensinamentos centrais deste livro. Esses seis princípios centrais da libertação natural incluem:

1. Relaxamento.

2. Presença.

3. Cultivando energia universal.

4. Abrindo o coração de amor incondicional.

5. Atravesse até a claridade, a luminosidade e a vastidão.

6. Retornando à fonte.

Para aterrar seu ser e apoiar o florescimento interno desses princípios fundamentais, este livro oferece muitas práticas úteis para você cultivar nos dias, semanas e meses que se seguem. Para muitos que estudaram comigo ao longo dos anos e aplicaram esses ensinamentos em suas vidas, esses princípios e práticas associadas proporcionaram profunda transformação. A qualidade de seus relacionamentos com os outros, sua criatividade e sua apreciação da vida foram, invariavelmente, transformadas de maneira poderosa. Quase todos relatam um vínculo revigorado e profundamente renovado com a Mãe Terra. Muitos experimentam *insights* significativamente novos, tendo tocado a consciência clara, ilimitada e sem forma de sua essência. Durante um período mais longo de prática e aplicação, algumas pessoas relatam passar por uma transformação completa de seu ser, um renascimento interno abrangente.

Nenhuma Separação entre Espírito e Natureza

Quando comecei a entrar na Natureza selvagem, eu era bem jovem. Meus avós tinham uma maravilhosa fazenda orgânica no topo de uma pequena montanha no norte de New Hampshire e, todos juntos, pais, irmãs, irmãos, tias, tios e primos, administrávamos a fazenda. Antes mesmo que eu pudesse falar, lembro-me de rastejar pelos canteiros de mirtilos nos prados selvagens de nossas encostas. Eu rapidamente descobri que a Natureza era plena de Espírito; eu nunca concebi qualquer separação entre Espírito e Natureza. Muito tempo depois, descobri que nossa cultura ensinava que deveria haver algum tipo de separação – que Deus, Espírito e Natureza supostamente eram divididos e diferentes. No entanto, já muito novo, me parecia absolutamente óbvio que a igreja da Terra era a maior igreja de todas; que o templo da floresta era o templo supremo. Quando fui ao santuário da montanha, encontrei o altar natural da Terra – o verdadeiro templo do Grande Espírito. Anos mais tarde, descobri que esse caminho de ir natureza adentro, vincular-se profundamente a ela e ver o Espírito dentro da Natureza – Deus, Deusa e Grande Espírito – era o caminho mais antigo, mais primordial de cultivo e realização espiritual da humanidade.

Quando menino, entrei em edifícios chamados igrejas e templos. Sim, às vezes havia um sentimento do sagrado ali, mas ele parecia muito limitado, restrito e artificial em comparação com a comunhão natural e os *insights* que eu estava recebendo no ambiente selvagem.

Sozinho no Templo dos Bosques

Quando eu tinha sete anos, tive uma sensação muito natural de querer abraçar a Natureza. Surgiu ali um sentimento apaixonado pela Mãe Terra; eu queria passar todo o meu tempo com ela. Implorei para meus pais e avós por um tempo sozinho, totalmente sozinho, nas florestas selvagens e nas Montanhas Brancas do norte de New Hampshire. Naquele ano de 1945, minha mãe e meu avô me ajudaram a partir para minha primeira Busca da Visão naquelas montanhas.

Uma "Busca da Visão" refere-se a abraçar a Natureza e o Espírito de uma maneira especial. Para os nativos americanos, uma Busca da Visão significa render-se à Natureza e ao Espírito de uma maneira sagrada para aprofundar os relacionamentos com o mistério da vida, o mistério de você, o mistério da Natureza, o mistério do Grande Espírito. Uma busca da visão significa orar por uma visão da verdade de sua vida. No seu nível mais profundo, uma Busca da Visão significa despertar para a visão de toda a vida e a existência como sagradas. Se alguém for verdadeiramente agraciado, a Fonte sem forma se abre como o fundamento primordial de tudo.

Essa primeira imersão individual de quatro dias e três noites na natureza selvagem foi um período sagrado de tremenda abertura. Eu fui absorvido dentro dessa fusão apaixonada com o Pai Celestial e a Mãe Terra, com o Céu acima e a Terra abaixo. A unidade fundamental de todas as pessoas com a Natureza e o Grande Espírito era clara. Abraçado por essa união da natureza e do espírito universal, o coração universal se abriu completamente em perfeita integração. Essa experiência inicial de Busca da Visão abriu um caminho profundo – um caminho que ainda gira em espiral através de meu ser.

Esse caminho de ir sozinho para os bosques, montanhas e pântanos se intensificou por causa de uma paixão pela natureza; eu o senti como a coisa mais natural a se fazer. Cada jornada natureza selvagem adentro tornou-se um intenso caso de amor com toda a vida. As árvores e os pássaros, as flores e as montanhas, os córregos e os rios falavam claramente. O significado por trás dos movimentos dos pássaros e dos cantos dos animais era inconfundível. Eu podia sentir o que as árvores estavam sentindo. Não havia separação quando as florestas e eu balançávamos com a brisa. Meu ser podia se mover como um lince ou um urso pela floresta. A natureza ensinou dessa maneira; ela ensinou por meio de sua presença e seu amor. Ela demonstrou a tremenda diversidade da maneira como a Natureza é e esclareceu a unidade subjacente do Espírito que abarca todas as formas naturais. Eu confiei nisso.

Ao longo dos anos, o mistério se aprofundou. Desde meados da década de 1940 até agora, eu pude fazer Buscas da Visão pelo menos uma vez por ano, e frequentemente três ou quatro vezes por ano. Quando entrei na adolescência, essas imersões individuais sagradas se ampliaram cada vez mais. Em meados da década de 1950, a Busca pela Visão se abriu em um ciclo lunar de um mês inteiro no coração das Montanhas Olímpicas, em Washington. Em 1960, o processo culminou em um mergulho de três meses na maior e última região selvagem não mapeada nem cartografada das Montanhas Rochosas: as Montanhas Logan, na bacia hidrográfica do alto rio Nahanni nos Territórios do Noroeste do ártico Canadense. Essa imersão individual na natureza selvagem, naquela época, foi um batismo fabuloso no mistério para além de apenas nomeá-lo e descrevê-lo.

As 'Montanhas Olímpicas'

As imponentes Montanhas Olímpicas de Washington emergem na península úmida a oeste de Seattle. Esses picos cobertos de geleiras, brilhando com neve e gelo, se erguem acima de algumas das mais belas florestas temperadas úmidas do mundo. Eu desejava fazer lá minha primeira Busca da Visão de um mês de duração. Aos quinze anos, com a ajuda do meu pai e do meu avô, consegui um emprego como um jovem pescador de salmão nas ilhas selvagens, costas e baías isoladas da região do sudeste do Alasca. Naqueles dias, o Alasca não tinha se tornado um estado; ainda era um território dos EUA. O trabalho de pesca não deveria começar até julho, o que deu todo o mês de junho para a Busca da Visão.

As Montanhas Olímpicas formam uma grande massa circular de picos e cordilheiras com vales profundamente arborizados que irradiam para fora a partir do núcleo central. No coração das montanhas, meu mapa revelava uma divisão – a Baixa Divisão – que ligava um dos principais vales do norte a uma das principais drenagens do sul. Eu sabia que era aqui que eu precisava fazer a Busca da Visão. O arranjo norte-sul dos dois vales permitiu uma caminhada por toda a cadeia montanhosa, de norte a sul, e possibilitou uma Busca da Visão no coração das montanhas ao redor da Baixa Divisão. A caminhada para o sul através da floresta temperada úmida foi uma jornada para um paraíso coberto de musgo. O chão da floresta, os troncos das árvores e todos os galhos estavam vestidos com uma exibição extraordinária de musgos e líquenes de todos os tons de verde possíveis.

Ao terminar a caminhada até a Baixa Divisão, montei acampamento em uma campina alpina sob uma lua cheia que emergia no céu. Cumes altos próximos, vestidos de neve e gelo glacial, brilhavam pálidos ao luar enquanto adormeci naquela primeira noite. Sons estranhos, por volta da meia-noite, trouxeram um despertar repentino. Ao redor surgiram os sons de algum animal gigantesco se movendo em volta da minha pequena barraca e ocasionalmente roçando nela. À medida que os sons crepitantes e bufantes se ampliavam, surgiam visões do maior urso das montanhas se preparando para invadir a barraca. Um urso pardo? Terror de dar frio na espinha.

De alguma forma, veio coragem suficiente para abrir uma fenda na porta da barraca e espiar cautelosamente do lado de fora. Ali, à luz da lua, estava minha enorme e assustadora fera – um rebanho inteiro de mais de cem alces olímpicos serpenteava sobre o fosso e agora se movia pacificamente por toda parte. Troncos quebrados, galhos rachados e grunhidos gentis acompanharam seus movimentos calmos sobre a passagem. Em um instante, meu medo explodiu em bem-aventurança. Essa transformação desencadeou uma abertura de pura alegria que durou ininterruptamente durante as próximas quatro semanas da passagem solitária nas montanhas. A visão sagrada se abriu em um íntimo abraço.

Esse tempo libertador me deu uma visão poderosa, uma visão de como levar o processo de Busca da Visão ao coração da cultura ocidental. A visão deixou claro que essas imersões individuais sagradas tinham o poder de ser uma semente profundamente iluminadora. O germinar dessas sementes poderiam transformar totalmente a desarmonia do cotidiano das pessoas e guiar suas vidas rumo a novas direções. Essas novas direções teriam como base a descoberta de um profundo reencontro com a Fonte de seu ser e na abertura de uma profunda comunhão com a Mãe Terra. A visão compartilhou que esse processo era o remédio que a cultura ocidental precisava para voltar ao equilíbrio e harmonia com a Terra e toda a natureza. A Busca da Visão se tornaria o remédio definitivo para uma cultura perdida no estupro e pilhagem de Gaia. Estar só na natureza selvagem seria parte de um caminho inter-fé confessional que levava diretamente de volta ao Grande Mistério e à Fonte de toda a Criação.

Nos anos seguintes, a verdade dessa visão inicial tornou-se cada vez mais clara. A compreensão de que o caminho da Busca da Visão (ou *Sacred Passage*) poderia ajudar imensamente muitas pessoas aprofundou-se. Também ficou claro que a relação da nossa cultura com a Terra estava terrivelmente desequilibrada – que, como seres humanos, tínhamos perdido a capacidade de viver e crescer em harmonia com a Terra e seus princípios de renovação da vida. Além disso, a libertação que pode surgir direta e naturalmente do tempo sozinho na Natureza estava se tornando uma realização extremamente rara para a grande maioria das pessoas das culturas cada vez mais urbanizadas e tecnologizadas do planeta Terra. A naturalidade da vida estava, de certa forma, desaparecendo, principalmente para as pessoas modernas. Uma separação perigosa estava se tornando nítida entre os seres humanos e o resto da Natureza. Muitas pessoas, principalmente aquelas que viveram a maior parte da vida nas cidades, estavam ao mesmo tempo isoladas e alienadas do mundo natural. Habitantes urbanos, aqueles separados da Natureza e do mundo selvagem, raramente sentiam a essência extraordinária da grande deusa Gaia, a Mãe Terra.

Compartilhar a Aventura com Outras Pessoas

No início da minha adolescência (1951-1953), comecei a compartilhar Busca da Visão com outras pessoas. Inicialmente, a orientação focava-se em jovens amigos ansiosos por explorar esse tipo de engajamento com a Natureza. Todos nós tínhamos idades próximas. Fazíamos acampamentos individuais para realizar processos de Busca da Visão, e apoiávamos uns aos outros reunindo equipamentos e estabelecendo pontos de verificação individuais. De antemão, compartilhávamos o que sentimos sobre ou aprendemos com a Natureza e o Grande Espírito. Fizemos isso de maneira simples – nada complicado. Depois de três a cinco noites de imersão individual, voltávamos a nos reunir e revelávamos algumas das aberturas e experiências que tivemos. Geralmente, ficávamos impressionados com a profundidade de nossas experiências. Mesmo em campos separados, percebemos que muitas experiências eram semelhantes. Um dos resultados mais comuns, independentemente da nossa trajetória, foi uma abertura compartilhada de grande amor e apreço pela Natureza.

Soltando as Ilusões do Conforto da Cidade

Em meados da década de 1950, comecei a oferecer Busca da Visão para pessoas de algumas cidades próximas da casa de inverno da minha família em Nova Jersey. No começo, algumas dessas pessoas estavam um pouco assustadas e inseguras de si mesmas. Vários deles nunca haviam saído de Nova York, Newark, Jersey City ou Hoboken. No entanto, para aqueles que se juntaram ao grupo, o ímpeto para experimentar a essência de si mesmos e as verdades antigas da Natureza e do Espírito foi mais poderoso.

Indo para a natureza selvagem, descobri que havia maneiras adicionais de ajudar as pessoas a se relacionarem com a Natureza e tocarem sua alma. O trabalho inicial foi compartilhar práticas simples de meditação – maneiras de meditar com a Natureza como parceira – e desenvolver habilidades de rastreamento e outras observações da Terra. Em 1955, eu também estava começando a praticar a meditação zazen e taoísta ao ar livre; essa base me ajudou a transmitir habilidades básicas para cultivar uma consciência clara e trabalhar para transformar as emoções fortes que frequentemente surgiam. Tudo isso ajudou a intensificar o desenvolvimento espiritual na Natureza. Além disso, o compartilhamento desses ensinamentos iniciais também serviu para ajudar a cristalizar o que mais tarde se tornaria os processos mais formais de Treinamento de Conscientização e *Sacred Passage*.

No final da adolescência, ficou claro que muitos daqueles que foram guiados e preparados para as Buscas da Visão eram capazes de se aventurar na Natureza com menos medo. Eles eram capazes de experimentar conexões profundas e *insights* na natureza selvagem, seu próprio espírito e a Grande Natureza – mesmo que muitos tenham passado a vida inteira nas cidades. Muitos deles não tinham prática formal espiritual ou meditativa, mas a maioria sentiu imediatamente um parentesco natural com o mundo selvagem.

O verniz da civilização não é tão profundo. Para quase todas as pessoas, o fino véu da cultura geralmente começa a se dissolver em apenas alguns dias depois de entrar em uma Busca da Visão ou imersão individual de *Sacred Passage*. O artificial começa a ser substituído pelo genuíno; a realidade da natureza interior e exterior surge. A ilusão de separação da Terra diminui e é substituída pela impressionante beleza, vitalidade e energia selvagem da Grande natureza. O ser interior dança em harmonia com a exibição da Natureza e do Grande Espírito.

Ensinamentos Integrados

Também na década de 1950, comecei a praticar meditação zen e Qi Gong com um excelente professor que tinha acabado de vir do Japão. De meados da década de 1960 até a década de 1970, esse trabalho interno expandiu-se com o estudo de T'ai Chi Ch'uan e algumas das práticas meditativas taoístas da China com vários outros excelentes professores. Além disso, de 1967 a 1980, meu estudo se aprofundou no Nepal e na Índia, com alguns mestres extraordinários das tradições Tântrica e Vedanta hindus, bem como de várias linhagens de Budismo Tibetano e Vipassana. Todo esse treinamento começou a integrar-se naturalmente ao histórico de Busca da Visão para produzir uma forma inicial do Treinamento de Conscientização e dos doze princípios, que agora são o coração vital do processo de Busca da Visão que desenvolvi desde então. Esse corpo de trabalho e oferta de programas agora é chamado de *Sacred Passage*, que é o principal programa de *The Way of Nature Fellowship*. A fraternidade foi fundada na década de 1980 para fornecer um veículo mais amplo para esse processo espiritual inter-fé centrado na Terra. Hoje, a essência do coração de *The Way of Nature*™ inclui o

Treinamento de Conscientização, os doze princípios, uma variedade de acampamentos imersivos individuais na natureza, com duração de três a cento e oito dias, a Busca da Visão clássica dos nativos americanos e uma espiritualidade libertadora e de conexão com Gaia.

Muitos ensinamentos também vêm de *insights* espontâneos recebidos durante anos de imersão profunda na Grande Natureza. Unificar esses ensinamentos com as realizações inspiradoras das grandes tradições libertadoras e conectadas à Terra traz um tremendo benefício, tanto para mim quanto para todos os outros amigos e alunos que compartilham desses mesmos *insights* e práticas. A natureza com a condição selvagem intocada e o Grande Espírito movendo-se por meio da Natureza sempre foram os professores mais profundos.

É um prazer poder compartilhar esses mesmos ensinamentos com você agora. Ao longo dos anos, eu me concentrei em destilar todos os ensinamentos e práticas do Treinamento de Conscientização nos doze princípios de libertação natural resumidos anteriormente. Esses princípios podem ajudá-lo a entrar profundamente na consciência da Fonte e na união da natureza interna e externa. Esses doze princípios foram condensados nos seis princípios centrais deste texto para uma compreensão e cultivo mais claros. Esses são os seis princípios centrais da libertação natural. À medida que a pessoa segue *The Way of Nature*™, normalmente ela experimenta esses princípios em progressão regular, do primeiro ao último compartilhados aqui. No entanto, como um caminho espiritual, esses princípios também operam como uma matriz não linear.

Novamente, os seis princípios centrais da liberação natural são:

1. *Relaxe.* Você abre o caminho liberando todas as formas de contração, tensão, bloqueio e apego ao passado, presente e futuro. Este princípio te ajuda a estar realmente aberto para o que está lá, dentro de você e dentro da Natureza. Em última análise, é vivenciado como uma entrega completa na verdade do aqui e agora.

2. *Esteja presente.* Depois de começar a dissipar suas tensões e bloqueios, a possibilidade de realizar a presença surge naturalmente. Este princípio permite que você se conecte precisamente com tudo o que está

aparecendo, por dentro e por fora. Todas as distrações se dissolvem no único tempo que existe: agora.

3. *Cultive a energia universal (ou seja, força vital, prana ou qi).* O cultivo da energia universal lhe dá vitalidade para se aprofundar cada vez mais no caminho espiritual. A união de presença e relaxamento, então combinada com o poder da intenção, é a chave para abrir maior vitalidade. A força vital amplificada te ajuda a despertar e ajuda a eliminar bloqueios antigos. Como pura energia universal, sua principal qualidade experiencial é a bondade amorosa incondicional.

4. *Abra o coração de amor incondicional.* Apoiado por seu cultivo de relaxamento, presença e energia universal, seu coração começa a se abrir para o amor incondicional. Inicialmente, essa energia amorosa permeia seu ser com a alegria e a bem-aventurança de um coração aberto. Você descobre que a atividade compassiva é a expressão natural de um coração incondicionalmente amoroso.

5. *Atravesse para a clareza, vastidão e luminosidade.* Este princípio inclui aprender a aproveitar os momentos em que experiências surpreendentes e atravessadoras acontecem. Além disso, ele inclui cortar a tendência de permanecer no êxtase em vez de continuar no caminho para a libertação total. Em algumas tradições, esse corte foi chamado de "parar o mundo". Também poderia ser chamado de "romper com a mente discursiva desde sua raiz". A pura consciência primordial, a Fonte absoluta, surge, pelo menos por um momento. A experiência desse princípio abre a sabedoria de uma enorme vastidão e clareza no caminho espiritual.

6. *Retorne à Fonte.* No início deste profundo princípio, tendo pelo menos uma vez reconhecido a Fonte, você continua cultivando a natureza interna e externa para redescobrir a Fonte mais profunda dentro de si. Mais adiante, a pessoa apreende o dualismo sutil de buscador e buscado e é capaz de se render verdadeiramente em presença profunda. A essência nua é realizada. Por fim, todas as tentativas deliberadas

e forçadas de reconhecer sua natureza fundamental são liberadas. A pessoa flui na autolibertação espontânea de tudo o que surge.

Ao nos aprofundarmos em cada um desses seis princípios nos capítulos a seguir, você encontrará várias práticas que o ajudarão a cultivar cada princípio em um nível profundo. Você descobrirá como cultivar esses princípios e práticas sagrados na natureza selvagem. Esses processos irão ajudá-lo a abrir a essência de cada princípio em você. Você florescerá como um ser integrado. Tranquilidade interior, paz e harmonia brotarão. O retorno à Fonte clarifica.

Relaxamento

A JORNADA QUE ESTAMOS PARA COMEÇAR nos levará à imensidão do mundo selvagem – a vastidão da Natureza em seu estado puro e primordial. Esta é uma jornada que trará a Natureza ao seu coração. O relaxamento profundo desperta o coração tranquilo do cultivo espiritual com a Natureza. Ao refinar a natureza interna e a externa, você começará a experimentá-los em união natural. Com o tempo, você pode até ter vislumbres daquela Grande Natureza que sustenta você e todas as formas da Natureza.

A maioria de nós carrega numerosas contrações e distrações no fluxo de nossas vidas cotidianas. Essas contrações agem como barreiras ou escudos que nos impedem de experimentar diretamente a plenitude da vida. Elas nos impedem de ter uma experiência clara da vasta gama de imagens, sons, sabores, cheiros, texturas e tons da Natureza. Se você está contraído, frequentemente também está com o acesso obstruído aos seus verdadeiros sentimentos e pensamentos sobre a natureza interna e externa. Esses mesmos bloqueios costumam interferir no fluxo natural de energia através do corpo, canais energéticos, meridianos e chakras. Se não forem percebidos, esses bloqueios podem levar à diminuição da vitalidade, empobrecimento da qualidade de vida e doenças de vários tipos.

A natureza é uma curadora extraordinária. Se você simplesmente der uma chance a ela, dedicando algum tempo a deixar que ela o abrace, ela começará a se fundir com sua energia, emoções e pensamentos. Ela começará a curar muitas das ansiedades que você carrega. A natureza é uma curadora muito poderosa.

Nossas contrações têm muitas fontes, mas uma de suas origens mais comuns são fortes emoções negativas, como medo, raiva, tristeza, ansiedade e preocupação. Uma maneira poderosa de transformar esses bloqueios é simplesmente praticar o relaxamento e o desapego em situações que normalmente nos produziriam contrações. Mas antes de fazermos isso, devemos primeiro aprender a relaxar. O desenvolvimento das habilidades de relaxamento exige o seguinte: primeiro, boas instruções para ajudá-lo a descobrir onde estão seus bloqueios; segundo, aprender as técnicas de relaxamento com um bom professor; terceiro, localizar um ambiente favorável, de preferência um na Natureza, onde você possa praticar o relaxamento formalmente com regularidade; e quarto, cultivar o relaxamento pelo menos uma ou duas vezes ao dia.

Ao se dedicar a tudo isso, seja gentil e paciente consigo mesmo. A maioria de nós construiu formas poderosamente dominantes de tensão, bloqueio e contração ao longo de muitos anos. Visto que nossa cultura oferece poucas oportunidades de aprender, muito menos adquirir verdadeira maestria no relaxamento, a maioria de nós tem muito o que realizar no que diz respeito à capacidade de deixar ir. Felizmente, a prática formal de meditação para relaxamento, quando feita regularmente, pode fazer milagres com o tempo. A chave é o cultivo diário paciente e persistente dessa qualidade. Depois de aprender a relaxar dessa maneira, você pode começar a cultivar o relaxamento em situações que antes o deixariam tenso.

Cultivar o relaxamento na Natureza, se você tiver o cuidado de selecionar um momento e um lugar favoráveis ao ar livre, pode fazer mágica para desenvolver sua capacidade de se soltar. Nossas células, nosso DNA, nossos tecidos e órgãos, nossos corpos inteiros, nossa energia, nossas emoções diversas e nossa mente, todos co-evoluíram com a Natureza e com Gaia ao longo de bilhões de anos. No entanto, considere o experimento massivo que a sociedade moderna está conduzindo em nós e em todos os sistemas naturais, com resultados desconhecidos.

A cultura urbana moderna e de alta tecnologia é um desenvolvimento extremamente recente na história de nossa espécie. Tivemos pouco tempo, biologicamente, para nos adaptarmos aos estilos de vida urbanos acelerados e lotados da contemporaneidade. Por exemplo, o aumento da tensão e contração oriundo de nosso vício em viver em alta velocidade é radical. Nossa biologia agora é bombardeada com substâncias químicas desconhecidas que são ingeridas, inaladas e tocam nossa pele. Nossos campos de energia agora interagem com microondas, ondas eletromagnéticas e campos magnéticos completamente novos para nossos organismos. Em vez de andar, somos levados de um lado para outro por carros e aviões. Ao invés de estarmos cercados por terra, madeira, pedra, água natural e céu não contaminado, vivemos agora em casulos concêntricos de materiais sintéticos, concreto, aço, plástico, água poluída e ar sujo.

Muitas de nossas tensões e contrações contemporâneas são devidas a esse ataque de elementos artificiais agressivos em nosso mundo moderno. Particularmente nas grandes cidades e áreas urbanas, estamos cercados de crimes e pessoas passando por todos os tipos de estresse intenso. Esses fatores tornam extremamente difícil passar para um estado interno de confiança natural e desapego.

Contraste isso com os ritmos antigos que outrora uniram a natureza humana e a Natureza universal. Os ciclos da Lua refletiam-se na menstruação feminina e nas pessoas se levantando ao nascer do Sol e dormindo após ele se pôr. Eles comiam diretamente da Natureza, sem intermediários. Eles tinham contato direto e diário com a Terra e os campos geomagnéticos naturais da Terra sob os pés. E eles tinham contato próximo com a diversidade natural e a harmonia orgânica de ecossistemas vivos integrais como seu verdadeiro lar. Estudos de culturas aborígenes de caça e coleta mostram que apenas duas a três horas por dia eram necessárias para fornecer comida, abrigo, roupas e outros itens básicos; o tempo restante era livre para cerimônias, jogos, música, dança, outras artes, meditação e sexo. Compare isso com quantas horas investimos hoje para cuidar do básico moderno.

Quando retornamos à Natureza em seus ecossistemas mais antigos e prístinos – a Natureza como Gaia – também retornamos a uma intrincada rede de relações ambientais com a qual nossos organismos evoluíram ao longo de milhões de anos. Assim que retornamos a essa afiliação orgânica natural, nossas células, tecidos e todo o organismo começam a relaxar de volta a um relacionamento antigo e profundamente familiar. O verniz da vida contemporânea artificial é rapidamente substituído por uma grande sensação de alívio e liberação. Nossa biologia canta.

Então, primeiro, comece a explorar sua verdadeira natureza *na Natureza*, e quando você começar a trilhar o caminho libertador com este primeiro princípio poderoso de ter maestria no relaxamento, certifique-se de começar a cultivá-lo ao ar livre, em um lugar natural. Se você tiver a sorte de estar perto da natureza verdadeiramente selvagem ou de um lugar mais ermo, aproveite sua bênção e vá lá praticar. Se você tiver ainda mais sorte, pode estar perto de um dos antigos locais sagrados utilizados pelos povos desde antes de o tempo ser medido. Em caso afirmativo, vá com humildade e peça a bênção para a sua prática. Certifique-se de dedicar todos os resultados positivos de seu tempo de cultivo para a felicidade e libertação de todos os seres, especialmente aqueles capturados pelo jugo da vida moderna. Qualquer que seja a área natural para onde você for, separe o tempo que for viável para você, qualquer que seja ele, e comece. Pode ser por apenas uma ou duas horas, ou talvez você seja agraciado o bastante para fazer uma *Sacred Passage* completa ou uma Busca da Visão. O principal é isso: com o tempo que estiver disponível, entre na Natureza e comece a cultivar o relaxamento lá.

Se, por causa das condições climáticas ou de outras circunstâncias, você não puder praticar do lado de fora, você ainda pode fazer este trabalho de cultivo dentro de casa, usando a meditação de escaneamento compartilhada posteriormente neste texto. Você ainda pode seguir o espírito dessas práticas fazendo-as em um jardim interno, perto de um altar ou em um local em sua casa que tenha um toque natural e sagrado.

Quando você tiver voltado a um lugar natural, é essencial aprender a deixar ir as ansiedades e bloqueios da cidade que você trouxe para a natureza selvagem. Enquanto esses bloqueios estiverem presentes, será difícil para você deixar ir e se abrir para o que a natureza tem a oferecer. Portanto, quando você está aprendendo a fazer a prática espiritual com a natureza selvagem, é extremamente importante que comece aprendendo a relaxar. Costumo dizer aos meus alunos que a primeira questão a ser enfrentada no cultivo na natureza selvagem é aprender como liberar as contrações que eles trazem para a Natureza. Enquanto você tiver contrações dentro de você, não terá espaço para a Natureza começar a se conectar com você. Você não terá espaço para fazer uma conexão com a natureza interna ou externa.

Uma vez que você dê a ela a chance, a natureza pode fornecer um apoio maravilhoso para aprender a relaxar. Talvez você se lembre de ter relaxado em um campo com a temperatura agradável da primavera onde a Mãe Terra absorveu suas tensões; ou descansando na refrescante sombra de uma floresta que acalmou a ansiedade emocional; ou relaxando em uma montanha, onde a vista ampla ajudou a todos os seus problemas se dissolverem na vastidão do céu. Independentemente de como a natureza possa apoiá-lo, desenvolver a habilidade de relaxamento é uma arte extremamente valiosa no mundo estressante da vida moderna.

Notando as Tensões

O processo de relaxamento se desenvolve em etapas. Você pode pensar que o relaxamento vem naturalmente, mas na verdade o relaxamento requer cultivo e atenção regular e persistente. No início, você deve primeiro tomar consciência de que está contraído. Descobrir e prestar atenção a essas contrações é o primeiro passo para o relaxamento (veja os exercícios de relaxamento no final deste capítulo para ideias sobre como localizar a tensão em seu corpo). Você pode carregar músculos tensos e outros bloqueios em seu corpo por anos e não estar ciente desses tensionamentos, exceto que às vezes eles parecem um pouco doloridos. Perceber o quando e o onde das suas contrações é como você começa a encarar a verdade de que segurar seus bloqueios internos o impede de ir mais profundamente em sua verdadeira natureza.

Relaxando com o Vento

Um exemplo de como os humanos comumente se contraem na Natureza é ilustrado por nossa resposta física a um vento frio. Quando você se contrai diante do vento, pode pensar consigo mesmo: estou com frio. Depois disso, seu pensamento de contração guia todo o seu corpo para se contrair ainda mais, o que na verdade faz você sentir ainda mais frio.

Da próxima vez que sentir um vento frio, experimente relaxar com a sensação da brisa soprando sobre sua pele sem contrair seu corpo. Simplesmente se entregue à sensação sem nomeá-la ou julgá-la. Você pode notar que sente um formigamento bonito e uma abertura para o fluxo de energia, em vez de um aumento da constrição e do frio.

Des-contração

Depois de lidar com as contrações que você segura, o próximo estágio de relaxamento é a des-contração. Se você não descobriu primeiro onde está segurando a ansiedade e a tensão, não haverá muito progresso, porque essas tensões e ansiedades são invisíveis para você. Aprender a dominar esse processo de abertura para a des-contração é semelhante a gradualmente deixar ir e abrir o punho fortemente fechado.

Depois de ficar ciente dessas constrições e tensões em você, uma das melhores coisas que você pode fazer é ir para um lugar de natureza selvagem para se concentrar na des-contração (veja os exercícios de relaxamento no final deste capítulo). Vá para um lugar inspirador na Natureza e permita que a energia de cura dela se mova para dentro de você e se junte a você para ajudar no processo natural de relaxamento e abertura.

Estabelecendo Relacionamentos

Inicialmente, você pode não estar totalmente confortável em poder relaxar na natureza. Você pode encontrar um mundo desconhecido. Pode ser mágico e misterioso, mas também pode ser um pouco assustador ou ameaçador, especialmente se você ainda não passou muito tempo com a natureza selvagem. Se for esse o caso, dê-se algum tempo para se ajustar e seja gentil consigo mesmo. Como você está começando neste caminho rumo à natureza selvagem, é bom entrar na Natureza sozinho, de uma forma simples e segura. Faça uma conexão com a Natureza onde quer que você se sinta confortável, e de uma maneira que você se sinta protegido e nutrido. Você não precisa começar com uma Busca da Visão nas florestas selvagens do norte de New Hampshire. Talvez uma área natural da sua vizinhança que lhe seja familiar seja um lugar melhor para começar. Mova-se natureza adentro em um ritmo que não o leve a um extremo.

Além disso, comece a jornada de relaxamento natural lentamente. No início, passe um pouco de tempo todos os dias no parque local ou em um lugar natural. Depois que sua prática se aprofundar, considere ir para um lugar mais selvagem por um período mais longo de cultivo, talvez um dia inteiro ou todo um fim de semana. Contanto que você passe algum tempo cada dia praticando, com o passar do tempo você definitivamente notará uma mudança, uma abertura, uma libertação.

Desde os primórdios, todos os caminhos de prática espiritual na natureza selvagem têm sido baseados no aprofundamento de relacionamentos. Mova-se em direção às coisas que naturalmente o atraem. Sem estabelecer uma relação com todos os incríveis seres da Natureza, realmente não há como os seres humanos abrirem o caminho selvagem.

Assim como nos relacionamentos humanos, começar um relacionamento com outros seres da Natureza pode ser intimidante. Você pode não ter tanta certeza de como se comportar. Tudo bem se você se sentir assim no início de sua conexão, pois basicamente mostra que existe um potencial poderoso para que algo realmente magnífico aconteça. Confie no processo de cultivar um relacionamento com a Natureza. Seu vínculo irá se abrir e florescer de uma forma que te impressionará. Ele só precisa de tempo.

Deixar Ir, Aprofundar na Confiança e se Render

O relaxamento geralmente envolve um processo progressivo, uma série de estágios naturais. Primeiro, você descobre onde está bloqueado e contraído. Em seguida, você se abre para o mistério de aprender como desfazer as contrações – como des-contrair. No estágio subsequente, você permite que o verdadeiro relaxamento surja naturalmente. Em seguida, o processo de relaxamento amadurece em um novo padrão de deixar ir. Em vez de acumular camadas de bloqueio e tensão como escudo às mudanças, você aprende a se entregar consistentemente às mudanças.

À medida que você se aprofunda em deixar ir, você acabar por chegar ao limiar de um bloqueio central – sua desconfiança e medo fundamentais da vida e da morte, sua negação básica do agora. A porta que se abre através desse limiar é a confiança. Nesse caso, é necessário um relaxamento completo. Deixe ir e confie na verdade de toda a sua situação de vida, aquilo que você compreende e aquilo que você não pode compreender. Quando se adquire maestria sobre esses dois primeiros estágios de relaxamento, deixar ir e o aprofundamento na confiança, o que surge é o primeiro princípio, a entrega. Em um sentido muito real, quando a entrega ao Grande Mistério é realizada, o caminho é concluído simplesmente por meio do amadurecimento total do princípio do relaxamento.

Resumo de Pensamentos sobre Relaxamento

Ainda jovem, decidi passar algum tempo na Natureza simplesmente caminhando, ouvindo, ficando quieto e relaxando. Na Natureza, aprendi como me livrar das tensões, estresses e pressões acumulados que muitos de nós na cultura moderna carregamos todos os dias.

Minha prática tornou-se simplesmente me acalmar, relaxar e aprender como estar na Natureza de uma maneira muito aberta e espaçosa. De certa forma, esse nível de relaxamento profundo exige um pouco de tempo e paciência, mas, de outra forma, ele pode acontecer muito rapidamente se você simplesmente aprende a deixar ir e aprofundar o processo de libertação.

Esse abandono da tensão acumulada é muito importante quando começamos a cultivar a prática espiritual na Natureza. De todas as tensões que atormentam nossa psique, o medo é a mãe da maioria delas.

Existem apenas algumas coisas na Natureza que podem realmente prejudicar um ser humano; o próprio medo é, realmente, o perigo principal. Quando você vem à Natureza com uma atitude de confiança, você será recebido como um membro da família de Gaia. Com a Mãe Terra, você tem a oportunidade de realmente deixar ir e confiar de uma forma que talvez nunca tenha feito antes. Você pode aprender a se abrir de uma forma totalmente nova e fresca. Se você vier à Gaia com a visão de que a Natureza é sagrada, tudo em Gaia responderá de maneira sagrada.

Uma Nota sobre os Exercícios deste Livro

No final de cada capítulo, eu incluí vários exercícios para ajudá-lo a vivenciar a incorporação de cada princípio. As explicações desses exercícios são bastante completas, com muitos detalhes. Para que você receba o benefício máximo, o valor da repetição é enfatizado. Você sempre pode simplificar uma prática para atender às suas necessidades. Você pode torná-la mais longa ou mais curta para acomodar seu tempo disponível. Não deixe que a complexidade de um exercício o impeça de tentar praticá-lo. Se sentir necessidade de encurtar ou condensar essas práticas, faça-o até se sentir pronto para adotar as versões mais abrangentes apresentadas neste texto. Por favor, abrace-os e torne-os seus. Eu projetei essas práticas para você, então adapte os exercícios da maneira que for mais viável.

Recomendo que você utilize uma gravação com as instruções de cada exercício. Todos esses exercícios estão disponíveis em minha série de áudios *Sky Above, Earth Below* oferecida pela Sounds True em Boulder, Colorado. A Sounds True prestou um serviço maravilhoso ao disponibilizar essas práticas em um formato de gravação de alta qualidade. O conjunto de áudios inclui um pequeno livro que inclui muitas das mesmas meditações. Outra alternativa é fazer seu próprio registro das meditações. Isso permitirá que você ouça sua própria voz, guiando-o pelos detalhes de cada prática.

Essas práticas foram planejadas para o cultivo regular e diário. Em vez de considerá-las mais uma obrigação, experimente-as da mesma forma como eu faço, como o ponto alto do seu dia. Esses processos o libertarão da ansiedade e trarão relaxamento, vitalidade, amplitude interna e clareza. Percebendo isso, anseie por aquele momento a cada dia e semana em que você possa cultivá-los. Uma vez que você perceba a felicidade inerente que esses exercícios podem trazer, não há necessidade de depender de sempre ter um grupo ou professor externo com você.

Se você achar difícil fazer todas essas práticas em um dia, alterne-as ao longo da semana em seu próprio ritmo. Certifique-se de dedicar algum tempo à contemplação dos seis princípios básicos da libertação natural. Esta contemplação aumentará muito a eficácia de seu cultivo espiritual.

A Fonte de Desequilíbrio e Contrações em nossa Sociedade

Nossa espécie enfrenta sérias dificuldades em todo o mundo. Uma das razões pelas quais vemos tanta contração, separação, alienação e ansiedade humanas é que vivemos em desequilíbrio com o ambiente natural. Não vivemos mais em um mundo onde tudo está integrado, interconectado, equilibrado e harmonioso. Na maioria das vezes, a Natureza vive de forma harmoniosa e integrada. Mesmo seus eventos catastróficos, como inundações, raios, furacões, erupções vulcânicas e o salto de uma leoa sobre sua presa, quando vistos de uma perspectiva mais ampla, são um com uma Gaia harmoniosa e ecologicamente integrada. Como mencionei antes, todos os seres da Mãe Terra co-evoluíram entre si em ambientes vivos e mutuamente interativos. Todos esses ecossistemas, e os seres que vivem dentro deles, co-evoluíram de uma forma que produziu simbiose, equilíbrio, integração e harmonia extraordinários.

Em contraste, nossa cultura moderna ainda é altamente experimental. Quando os humanos saíram desse mundo natural para criar um ambiente artificial, eles começaram a perder sua conexão com o mundo natural. Em certo sentido, eles de fato saíram do Jardim do Éden. Devemos ser honestos sobre isso. Devemos encarar nossa sombra e honrar a verdade de nossas contrações e bloqueios. Devido a essa separação primordial com o mundo natural, você pode estar sustentando e suprimindo ansiedades e tensões das quais nem mesmo tem consciência. Seu primeiro passo para desvelar e reconhecer essa desconexão e a antiga angústia que surgiu dessa separação é começar a entrar na Natureza regularmente.

Ao imergir na natureza selvagem - a Natureza que não foi fortemente perturbada e danificada – você começa a se reconectar com a harmonia natural primordial que é sua herança genética. Você retorna a uma igreja primordial, um antigo templo natural que fornece um poder de cura fabuloso. A energia primordial e o espírito da Natureza proporcionam à sua consciência e à sua forma orgânica vitalidade natural e harmonia de espírito que não são acessíveis em nossos centros urbanos.

O Humano Integral

Eu tive a sorte de passar algum tempo com sábios taoístas que são mestres notáveis de harmonia e equilíbrio. Quase todos eles passaram longos períodos de tempo com a Natureza selvagem e se entregaram à Grande Natureza, o inominável Tao, como seu mestre principal. Uma visão taoísta que me impressionou muito foi a maneira como os sábios descreveram a realização do mais alto nível de potencial e habilidade humanos. Eles explicaram que tornar-se um ser integral representa a maior realização que um ser humano pode alcançar. Um ser integral é um ser humano que atingiu o pleno florescimento de seu potencial e que vive em um estado totalmente integrado e essencializado. Todos os elementos, todos os diferentes aspectos do eu estão em completa harmonia com todo o cosmos. A consciência repousa em sua essência da Fonte, livre, ilimitada e sem forma. Todas as formas surgem, aparecem e retornam à Fonte sem esforço e, ainda assim, a Fonte permanece imutável.

A integração é característica de praticamente tudo na Natureza. Integração é a maneira como todas as formas em Gaia funcionam quando repousam em sua condição primordial de inter-relação. Todos os seres da Natureza possuem essa harmonia interna. Quando você dá um passo mundo selvagem adentro, mundo primal adentro, você se reconecta à sua essência ancestral e ao potencial inerente dentro de você. É esse o momento em que sua verdadeira essência começa a se abrir e florescer.

A Chave para o Relaxamento

Des-contração e relaxamento simples abrem um caminho para você se tornar um ser humano integral. Confie no poder de cura da Natureza e permita que ele flua para você. É melhor não pensar sobre ele. Este não é um processo de, "Bem, vou me colocar em um estado de cura por meio do pensamento". É um processo de se abrir, relaxar e permitir que o poder de cura da Natureza entre em você. A chave mais importante é realmente confiar que isso acontecerá.

Você pode se lembrar de relaxar em um campo na temperatura agradável da primavera e ter as suas tensões absorvidas pela Mãe Terra, ou lembrar-se de descansar na sombra fresca de uma floresta que acalmou sua ansiedade emocional, ou lembrar-se de estar em uma montanha, onde a vista espaçosa ajudou a dissolver todos os seus problemas no vasto céu. Se você conseguir desenvolver essa arte de relaxar com a Natureza, ela pode transformar sua vida. A capacidade de relaxar pode ser trazida de volta ao meio da vida na cidade. Se o relaxamento é praticado conscientemente em face de fortes contrações urbanas, ele pode se tornar a chave para a maestria sobre o mundo estressante da vida moderna.

Prática de Relaxamento #1: Estabelecendo o Relacionamento

Comece encontrando um lugar na Natureza onde você se sinta confortável e nutrido. Encontre um lugar onde você confie no solo, nas plantas e no céu para ajudá-lo a se entregar à profunda união da natureza interna e externa. Em seguida, encontre um ser da Natureza com quem você gostaria de se conectar. Talvez em uma caminhada pela floresta você seja atraído por uma árvore magnífica ou um riacho tranquilo. Quando você encontrar aquele lugar especial e aquele ser que fala ao seu coração, deite-se e fique confortável. Se necessário, você pode usar um cobertor de fibra natural, lã ou algodão, para se deitar sobre ou se cobrir com. Fibras sintéticas e borracha tendem a bloquear muito do *qi* benéfico da Terra.

Postura de relaxamento profundo

Mais tarde você pode fazer práticas de relaxamento em posturas de mediação sentado ou em pé. Inicialmente, porém, a prática é mais eficaz quando você está deitado.

1. Recline-se de costas com as mãos ao longo do corpo, os pés ligeiramente afastados. Você pode achar útil colocar uma toalha enrolada sob os joelhos para dar-lhes uma leve curvatura relaxante.

2. Feche os olhos e relaxe o diafragma e o abdômen.

3. Lentamente, sinta a si mesmo começando a deixar ir. Respire suave e profundamente em sua barriga, liberando gentilmente todo o estresse para a Mãe Terra. Visualize seus bloqueios liberados como adubo para ela; ela os transforma em *qi* da Terra vital e livre.

4. Note os lugares em seu corpo onde você se sente contraído. Em seguida, traga conscientemente um sentimento de calor e confiança. Confie que os seres da natureza estão aí para ajudá-lo, trabalhar com você e compartilhar sua energia de cura.

Observe e lembre-se de que todos esses seres não são inertes. Eles são seres vivos e orgânicos como você. A diferença é esta: esses seres viveram em harmonia com toda a Natureza e com toda a Terra por milhões de anos. Eles vivem em um estado de harmonia e equilíbrio que tem muito a lhe oferecer, principalmente se você está vivendo, está sem harmonia e equilíbrio com seu eu interior e com a Natureza. Esses seres podem ajudar a trazê-lo de volta ao equilíbrio natural e à unidade consigo mesmo e com toda a Natureza, portanto, confie nesse *insight*.

Com o passar do tempo, com repetidas sessões dessa prática, você refinará sua consciência do relaxamento em expansão. Você se descobrirá capaz de sentir aspectos de seu corpo, da superfície ao centro, que antes eram bastante insensíveis, protegidos ou bloqueados. Se não forem cuidados, esses bloqueios podem levar à diminuição da vitalidade, empobrecimento da qualidade de vida e doenças de vários tipos. Lembre-se de que suas contrações podem ter muitas origens, mas geralmente surgem de emoções fortes, como medo, raiva, tristeza, ansiedade e preocupação. Lembre-se de que, ao fazer essa prática, com apoio da Natureza, você pode ajudar a transformar poderosamente essas emoções negativas.

Em comunhão com uma árvore

Primeiro, antes de fazer qualquer coisa, encontre uma árvore com a qual você gostaria de ter comunhão. Peça sua permissão para se reunir em um relacionamento mais profundo. Quando sentir que foi aceito, você pode começar. Experiências maravilhosas e poderosas podem surgir simplesmente por se sentar, aberto e receptivo, com as costas contra uma árvore. Melhor ainda, fique firmemente enraizado e abrace a árvore como um velho amigo que não via há muito tempo. Ao sentir a árvore, você pode ter a impressão de estar sendo acolhido por um abraço amoroso. Quando isso começar a acontecer, inicie o processo natural de soltar suas tensões acumuladas.

Depois de estabelecer seu relacionamento com essa árvore, você pode começar a sentir uma profunda comunhão com ela, que torna mais fácil para você confiar no tipo de energia de cura que começa a se abrir. Confie em si mesmo para soltar as contrações e tensões que tem mantido.

Uma árvore é extremamente centrada em seu ser, bem fundamentada e enraizada. Está una com o céu acima e a terra abaixo. Conforme você se conecta com esta árvore, por demonstração direta, ela oferece esta lição. Em certo sentido, a árvore transmite essa forma de ser absolutamente fundamentada diretamente para você. Assim como a copa da árvore se eleva aos céus, sinta seu espírito se abrindo e florescendo na vastidão e amplitude do céu. Ao mesmo tempo, sinta-se completamente enraizado e profundamente conectado com a Mãe Terra.

A árvore não precisa se mover. Está totalmente centrada em seu lugar. Você pode encontrar esse mesmo tipo de centro em si mesmo, onde quer que esteja, se simplesmente for lembrado de como é quando você se encosta na árvore ou dá um abraço maravilhoso nela.

Você pode pedir que a energia espiritual e de cura da árvore flua para você, te ensine e ajude a te curar. Isso é uma coisa simples e descomplicada de fazer. Claro, esse poder se aplica a todos os seres da

Natureza. Todos os seres da Criação têm essa capacidade de conectar você com o primordial.

Por exemplo, eu tive experiências extraordinárias deitado em campos de flores silvestres perto de minha casa alpina no sul das Montanhas Rochosas. Em altitudes de onze mil a doze mil pés, temos incríveis campos de flores silvestres que se estendem por quilômetros. Lembro-me de muitas vezes me deitar nestes prados radiantes quando me sentia tenso, desequilibrado e muito bloqueado. Tenho memórias incríveis da presença poderosa dessas flores, de sentir a energia desses campos de flores silvestres se fundindo completamente comigo e elevando todo o meu ser à felicidade plena.

Confie no processo de deixar ir completamente e se render ao que as plantas, animais, rochas e elementos de Gaia têm para lhe dar. Isso pode soar como algo especial, mas, na verdade, qualquer pessoa pode experimentar isso. A natureza está pronta para ajudar qualquer pessoa que se abra para os presentes que ela tem para dar. Tudo o que você precisa fazer é se abrir para a ajuda dela e estar presente para o que é dado, sem expectativas. Relaxe na experiência. Lembre-se de que suas tensões e bloqueios servem apenas como barreiras para a graça de Gaia. No entanto, se você estiver disposto a relaxar na Natureza, o poder de cura da Natureza fluirá para todo o seu ser.

Acredite você ou não nesse processo de relacionamento, em algum grau, ele vai funcionar. O relacionamento com a Mãe Terra acontece para todas as pessoas, mesmo as cínicas e as que abusam da natureza selvagem. Porém, se você se abrir para intencionar um relacionamento verdadeiro com algum membro da família de Gaia, uma poderosa comunhão com aquele ser se torna muito mais provável. Seu coração e sua mente podem ajudar a apoiar o processo de abertura. Então confie no poder curador da Natureza, se abra e deixe que ele flua por você.

Pela perspectiva dos nativos americanos, o Grande Espírito é visto fluindo através de todos os seres da Natureza, incluindo você. Pássaros, plantas, pedras, mamíferos, montanhas – todos são vistos como seus parentes. Por esta razão, a maioria das orações dos nativos americanos incluem dar graças a toda a Criação nesta frase profundamente ecológica: “Eu agradeço a todas as minhas relações”.

Prática de Relaxamento #2: Relaxamento por Escaneamento Corporal

A série de exercícios a seguir envolve o uso de sua consciência para escanear todo o seu corpo – primeiro para descobrir onde você está tensionando, depois para relaxar as contrações que encontrou e, finalmente, para levar sua consciência aos sistemas orgânico, circulatório, nervoso e meridiano.

Respiração Abdominal

Ao fazer qualquer exercício de relaxamento ou meditação, é importante manter a respiração abdominal profunda durante toda a prática. É incrível quanta tensão a maioria de nós segura no abdômen. Como apertamos muito os músculos da barriga e do diafragma, muitas pessoas têm capacidade limitada de respirar profundamente pelo abdômen. Ao respirar de forma superficial, perdemos a capacidade de massagear os órgãos internos da parte inferior do tronco com a respiração. Tendemos a respirar apenas com um tipo superficial de respiração na parte superior do tórax. Se você pedir a alguém para demonstrar sua respiração normal, muitas vezes eles respirarão inflando profundamente o peito, mas a área abdominal não se moverá.

Existem razões externas, culturais, para que homens e mulheres respirem incorretamente. Os homens são ensinados a ficar em pé como um fuzileiro naval, então puxam os ombros para trás, encolhem o estômago e empurram o peito para fora. As mulheres também aprenderam o mesmo bloqueio cultural do corpo. As mulheres aprendem que é lindo ter uma cintura fina, então, elas contraem os músculos abdominais, respiram pelo peito e projetam a parte superior do tronco para mostrar os seios. Além de todos esses insultos, as mulheres periodicamente têm que andar de salto alto para exibir pernas longas, deixando o corpo sem firmeza e pernas e pés instáveis.

Uma das principais razões internas para a respiração superficial é a ansiedade não resolvida e outras emoções dolorosas que são armazenadas e congeladas na parte inferior do tronco. A respiração profunda é evitada porque, ao se abrir para esses sentimentos dolorosos, a pessoa teria que reexperimentá-los. A respiração superficial ajuda a garantir que eles permanecerão seguramente reprimidos e inacessíveis. Paradoxalmente, quando você começa a respirar profundamente nesse território reprimido, as emoções e a energia bloqueada mantida com elas são liberadas e transformadas. O principal segredo para transformar as emoções bloqueadas é respirar profunda e suavemente nelas enquanto aplica o primeiro e o segundo princípios, relaxamento e presença. Quando você começa a remover o bloqueio emocional/energético com a respiração, a energia livre fica disponível. Sua prática é simplesmente ficar claramente presente com essa sensação, ao mesmo tempo em que relaxa em sua essência. Em última instância, quando esse processo de desbloqueio é aplicado corretamente, o bloqueio emocional deve se dissolver e se transformar em força vital liberada.

Até que você possa respirar dessa maneira, há pouca esperança de progresso espiritual, então, por favor, honre o caminho de libertação de seus demônios emocionais e pratique a respiração relaxada com paciência e diligência.

Se você observar a maneira como os bebês respiram, perceberá que toda a musculatura do abdome está completamente aberta, participando do processo respiratório. Respire como um bebê: profundamente na barriga e incluindo a área do peito.

Se você está tendo dificuldade em aprender a focar na respiração abdominal correta, pode ser útil deitar-se. O diafragma relaxa naturalmente quando a pessoa está deitada, e a respiração pode se aprofundar. Depois de adquirir maestria na respiração abdominal profunda com o corpo deitado, você pode praticá-la sentado ou em pé.

Observando

Durante esta fase, você estará escaneando o seu corpo para perceber onde está segurando a tensão. Esta primeira fase serve apenas para observar onde as contrações são encontradas em seu corpo.

- Vá para o seu lugar favorito na natureza – um lugar onde você sente a natureza te apoiando para des-contrair, relaxar e deixar ir. Se o tempo permitir, ande descalço ou use mocassins de algodão ou com sola de couro para que seus pés sintam a Mãe Terra.

- Recline-se de costas com as mãos ao longo do corpo, os pés ligeiramente separados. Se achar útil, você pode colocar uma toalha enrolada sob os joelhos para eles se dobrarem com relaxamento e apoio.
- Feche seus olhos.
- Relaxe o diafragma e o abdômen. Respire suave e profundamente em sua barriga.
- Comece o escaneamento. Com a consciência relaxada, você explorará pacificamente todo o seu corpo, da cabeça às solas dos pés. Preste atenção a onde estão as contrações. Onde você está segurando e bloqueando sua energia? Considere esta prática uma exploração da natureza interna com o apoio desse lugar belo e natural ao ar livre, pronto para ajudá-lo a suavizar as áreas rígidas do corpo. O que você observa pode não aparecer para você como algo tenso; talvez você note apenas um leve desconforto. Inicialmente, você está apenas permitindo que seu corpo expresse o que está experimentando. Simplesmente passe algum tempo observando e fazendo amizade com seu corpo.
- Comece direcionando sua consciência para o topo de sua cabeça.
- Preste atenção na sensação do seu corpo enquanto escaneia lentamente todos os músculos faciais e o couro cabeludo.
- Fique atento aos músculos de sua mandíbula e, em seguida, passe a atenção por toda a garganta.
- Mova sua consciência pelos músculos do pescoço.
- Escaneie os ombros e os braços.
- Gentilmente, traga sua atenção para a área das mãos e dos dedos.
- Em seguida, escaneie a parte superior das costas e a parte superior frontal do corpo, incluindo a parte superior do tórax.
- Continue a descer o foco, escaneando a parte inferior do tórax, o abdômen central e o meio das costas.
- Explore a parte inferior das costas e do abdômen.
- Escaneie as laterais do corpo.

- Preste atenção a quaisquer contrações conforme sua intenção se move para a região pélvica.
- Observe qualquer tensão nos órgãos genitais, na região anal e no períneo.
- Escaneie cada uma das pernas e desça até a sola dos pés.

Relaxando

Muitas pessoas acreditam que aprender a relaxar os bloqueios físicos, energéticos e emocionais do corpo é algo extremamente difícil e desafiador. Na verdade, não é mais difícil do que apertar o punho cerrado com a intenção de relaxá-lo. Por exemplo, sente-se a uma mesa e ponha o braço sobre ela. Cerre um punho. Então, com sua intenção, abra natural e suavemente o punho cerrado, até que a mão esteja relaxada, com a palma aberta. Agora faça a mesma coisa com todas as partes do corpo. Se você não tiver certeza de que está funcionando, não se preocupe. Suas preocupações criam mais contração. Confie na sua intenção de guiar o processo de des-contração e relaxamento. Simplesmente saiba que ele está acontecendo. Dia a dia, à medida que você pratica esse processo de relaxamento, ele revelará aspectos do seu ser que você nunca soube que estavam contraídos e bloqueados. No início, simplesmente gere a intenção de realizar esse relaxamento profundo e confie que ele acontecerá.

Você não pode forçar o relaxamento. A tentativa de forçar o relaxamento apenas cria mais contração. Simplesmente traga sua consciência para os lugares onde você sente tensão em seu corpo. Sinta gentilmente a tensão nessas áreas amolecer e se dissolver. Esteja ciente de sua tendência de ficar frustrado ou distraído. Se sua mente divagar, traga-a gentilmente de volta à intenção de relaxar todos os bloqueios contraídos, tensos ou rígidos. Sua frustração é totalmente contraproducente. Você criará mais tensão e mais ansiedade. Seja paciente e permita que a Natureza siga seu curso. Siga o fluxo natural desse processo de relaxamento do topo da cabeça até a planta dos pés e deixe que ele aconteça de forma espontânea e gentil.

Agora que escaneou todo o seu corpo e descobriu onde está mantendo contrações, você pode aplicar as mesmas habilidades de observação que aprendeu para realmente relaxar todo o seu corpo. Onde quer que você sinta qualquer tensão, permita que sua mente descanse com essa tensão e relaxe gentilmente nela. Deixe que ela se suavize. Sinta uma sensação de bem-estar natural começando a substituir seus sentimentos de tensão e ansiedade. Conforme você passa por este processo, sinta o incrível apoio da Mãe Terra se fundindo com você de baixo para cima.

Durante esta fase, você se concentrará em liberar tensões. Nela, você descobre como o *qi* fresco da Natureza substitui a força vital bloqueada. Portanto, escaneie seu corpo novamente, começando pelo topo da cabeça e descendo até a planta dos pés. Use o esquema da seção "Observando" para guiar sua atenção por todo o corpo.

Confie que o poder de cura da Natureza irá fluir para dentro de você e ajudar no processo de relaxamento e abertura. Não se preocupe se está funcionando ou não. Sinta os músculos se suavizando, afrouxando, abrindo e relaxando. Seu rosto pode começar a ficar quente. Você também pode ter a sensação de que, ao se abrirem e relaxarem, seus músculos realmente se sentem felizes. Desfrute da sensação de energia limpa e clara surgindo em todo o seu ser.

Dando sua tensão à Mãe Terra

Sinta essas tensões e bloqueios fluindo torrencialmente de você para a Mãe Terra. Sinta todas as contrações sendo absorvidas pela Mãe Terra. Veja a Mãe Terra recebendo-os como adubo. A Mãe Terra pode pegar qualquer coisa e transformá-la. Ela pode pegar qualquer tipo de tensão, bloqueio ou resíduo e transformá-los em um solo fértil e bonito. Se você estiver praticando junto a um córrego, sinta a tensão derretendo no fluxo de energia do córrego enquanto a visualiza se derramando através de você. Uma vez no córrego, veja a energia contraída transformada em *qi* positivo pelo poderoso *qi* da correnteza. De forma similar, se você estiver em um campo de flores, sinta as flores ajudando naturalmente a transformar os bloqueios. Se você está praticando com uma árvore, sinta a árvore maravilhosa abrir um centro profundo e uma conexão fluida natural em você entre o Céu e a Terra, o que permite que você libere as tensões. Mais uma vez, visualize Gaia transmutando toda a toxicidade em força vital livre e clara. Depois de liberar os bloqueios, o influxo de nova força vital substituirá a sua força vital bloqueada e você experimentará uma sensação de relaxamento profundo.

Relaxamento mais profundo

À medida que você se familiariza com o processo de escanear o corpo, pode usar este exercício para enviar qi positivo e fresco de modo que ele flua por outros sistemas do corpo.

- Escaneie seu corpo e relaxe todos os órgãos. Certifique-se de incluir seu cérebro, coração, estômago, pâncreas, vesícula biliar, pulmões, fígado, rins e órgãos sexuais.

- Escaneie seu corpo e relaxe todos os elementos do sistema nervoso. Enfatize os nervos e a conexão deles com a coluna vertebral.

- Explore seu corpo e relaxe todo o sistema circulatório. Sinta o sangue se mover por todas as artérias, veias e capilares.

- Novamente, enquanto você relaxa, sinta a força vital rejuvenescedora da Natureza fluir para dentro de você e revitalizá-lo.

Eu recomendaria concluir com a prática de escaneamento pelos canais e meridianos de *qi* em todo o corpo. Você não precisa saber exatamente onde estão os canais e meridianos. Essas vias de energia fluem apenas na superfície do corpo. Tudo o que você precisa fazer é escanear toda a superfície do corpo com a intenção de relaxar e abrir todas as vias do *qi* para que fiquem abertas, suaves e fluindo. Se você estiver familiarizado com a localização dos chakras[1] de energia do seu corpo, poderá incluí-los quando fizer o escaneamento corporal final.

---

1 Chakra – no Yoga, um chakra é qualquer um dos centros (ou "rodas") do poder espiritual no corpo humano. De acordo com o sistema usado, pode haver cinco, sete, nove ou mais chakras principais associados à forma humana. Em todos os sistemas,

Depois de concluir a prática de relaxamento por escaneamento corporal, você deve ter consciência do corpo como estando completamente purificado, relaxado, aberto e rejuvenescido. Deleite-se com o poder restaurador da Terra e de todos os seus seres. Aprecie todos os presentes de cura que você recebeu. Irradie de volta sua apreciação por todos esses presentes de cura. Permaneça neste estado renovado de entrega natural, aberta, espaçosa e profunda até que você deseje se levantar. Esta é a forma de se abrir para receber todos os presentes e bênçãos da Natureza. É a porta de entrada para uma visão muito sagrada sobre você e a Terra, podendo lhe proporcionar uma experiência profunda de sua verdadeira natureza e do Grande Mistério do que chamamos de Terra e o cosmos. Faça esta prática uma ou duas vezes ao dia e ela lhe trará muitos benefícios.

Dedicação à Prática

Durante um período de dias, semanas, meses e anos, você descobrirá camadas de defesa, contração, tensão, ansiedade e separação que você nunca sonhou que poderia estar segurando. Seja paciente com sua prática de relaxamento. Lembre-se que essas camadas de separação e contração que te deixam defensivo e impedem de descansar em um estado relaxado levam um tempo para serem reveladas e liberadas. Assim como essas camadas o impediram de viver plenamente sua vida, logo que começarem a se dissolver e desaparecer, você começará a se abrir para um mundo magnífico que pode parecer milagroso. Você pode perguntar: "Como é possível eu não ter visto isso antes?"

A flor da sua verdadeira natureza não é diferente da tremenda dádiva da Natureza exterior, da natureza, que já está em equilíbrio e harmonia. A natureza selvagem já está perfeitamente integrada. Conforme você descobre seu ser integral, será apoiado pelo ser integral primordial de Gaia. Ela o nutre conforme você pratica.

---

cada um dos principais chakras do corpo está associado a qualidades energéticas específicas.

Presença

UMA FRASE MARAVILHOSA DOS TANTRAS DZOGCHEN do budismo afirma que a consciência pura do agora é o verdadeiro Buda, o que significa a rendição completa à presença pura. A essência da presença pura é a essência de todos os seres iluminados e libertos que já existiram. A presença é uma das qualidades mais diretas e imediatas do ser livre.

É interessante que nossa cultura torna extremamente difícil cultivar uma presença autêntica. Há muitas distrações em nossa sociedade que nos afastam de estar totalmente no agora. Nossos amigos, familiares e todas as demandas de uma rotina diária de trabalho nos afastam de viver no momento. Paradoxalmente, todo o trabalho e esforço geralmente são feitos para abrir um pouco de espaço e tempo para aproveitar a vida. Trabalhamos muito para economizar tempo, mas temos muito pouco tempo para aproveitar a vida para a qual estamos economizando tempo!

Muitos dos grandes seres libertados perceberam que, a menos que você se comprometa profundamente a abraçar a presença pura agora mesmo, em tudo o que estiver fazendo, há pouca esperança de realmente aproveitar a vida e ir além, para as aberturas mais profundas do estado de libertação. A presença está no cerne dos princípios de *The Way of Nature*™. A presença genuína fornece um caminho natural de libertação com a Natureza.

Presença com Relaxamento

De muitas formas a união de *presença* e *relaxamento* é a chave para a prática espiritual. Ficar pristinamente presente ao mesmo tempo em que se está em profundo relaxamento, totalmente entregue ao momento, é o coração da prática espiritual com a Natureza. Quando combinamos presença com relaxamento, ocorre uma espécie de alquimia, ou fusão. Presença e relaxamento se fundem em uma união de abertura viva e entrega relaxada.

Se você vai fundo demais na entrega sem um elevado estado de presença, há uma tendência a adormecer. Se você passa para um senso de presença intensificada apenas, sem relaxamento e entrega, há uma tendência a ficar tenso e ansioso. Você já percebeu que quando pronuncia lentamente a palavra *atenção* ela se torna *a-tensão*? A atenção sem relaxamento faz com que o aspecto de presença fique tenso e, de fato, começa a movê-lo de volta a um estado contraído. Se você fundir presença com relaxamento, os dois se unem de uma forma linda para apoiar um ao outro e a abertura do estado natural da mente.

Distração

A maioria de nós não está apenas contraída, mas também distraída. A compreensão de nosso estado de distração nos mostra a importância da presença em nossas vidas. Se você não honra a verdade da sua distração, é difícil ter sucesso na dissolução dessas distrações. Qualquer tentativa de se tornar mais presente deve primeiro reconhecer a verdade do quão distraído você está agora.

O primeiro passo para perceber o nível de sua distração é começar a prestar atenção na frequência com que sua mente vagueia para coisas que não têm nada a ver com o aqui e agora. Preste atenção em como sua mente divaga com coisas que aconteceram no passado ou se preocupa com coisas que podem surgir no futuro. Perceber nossa tendência de nos afastarmos do agora para pensamentos do passado e do futuro, nos torna conscientes de quão pouco tempo estamos passando no aqui e agora. No início, quando você percebe a distração básica de seus pensamentos e emoções, pode ser bastante opressor descobrir o pouco tempo que você está ficando aqui, na consciência do agora.

Primeiras Lições na Presença

Quando comecei a praticar zazen, uma meditação no estilo do budismo japonês, ainda como um adolescente na década de 1950, fiquei pasmo ao ver que eu carregava tanta tensão e distração. Tive um bom professor que me ajudou em muitos momentos difíceis, lidando com algumas das tensões da adolescência que muitos de nós carregamos nessa idade. A coisa mais eficaz para mim foi combinar a prática de meditação com minhas Buscas da Visão e jornadas solitárias pela natureza selvagem. Essas viagens me permitiram desfazer muitas das minhas próprias distrações e tensões em um ritmo rápido.

Ainda sou extremamente grato ao meu primeiro professor de meditação, Ed Maupin. Ele me deu ótimos presentes. Ed havia estudado em um monastério Zen no Japão. Ele veio para os Estados Unidos para compartilhar alguns desses ensinamentos e concluir um dos primeiros estudos sobre os efeitos psicológicos da meditação budista nos praticantes. Eu me ofereci para ser voluntário em um de seus experimentos na Universidade de Michigan. Era extremamente raro encontrar alguém que meditava nos Estados Unidos naquela época. Nem mesmo se ouvia falar de Zazen. Mesmo praticantes de Yoga eram raros. Ninguém falava sobre ou parecia interessado em meditação no estilo budista, taoísta ou hindu. Todas essas coisas eram desconhecidas para a maioria de nós na cultura americana contemporânea da época. Portanto, não tive muita companhia para minha prática, mas o que eu tinha era a Natureza. Combinar a prática de estar na natureza com a orientação da meditação zazen de Ed foi extremamente útil, e sou muito grato a ele. Isso também plantou as sementes do que viria a ser um processo vitalício de destilar princípios e práticas comuns encontrados nas tradições libertadoras e conectadas à Terra.

O Grande Meditador Felino

De manhã, geralmente passo um pouco de tempo com nosso gato, Lionel. Ele é um dos maiores meditadores que já conheci. Ele pode se sentar em um estado de presença pura e absolutamente imóvel por horas. Se houver um leve movimento de alguém no quarto, ou se eu estiver na cama e me virar, ele fica imediatamente ciente do movimento.

Ele fica totalmente no agora. Lionel parece não se distrair com estados de transe. Ele não se distrai com pensamentos. Ele está lá apenas para o que quer que esteja acontecendo, mas ele está descansando completamente naquele estado de puro agora.

Muitos seres da Natureza carregam esse estado de pura presença. Eles o carregam naturalmente em seu ser. Portanto, as plantas e os animais podem ser ótimos professores para nós quando passamos o tempo com eles. Eles não se deixam levar pelas distrações sobre o passado e o futuro. Eles sabem como aproveitar o aqui e agora, e como viver de forma plena e alegre o momento. Quando você passa tempo com árvores, flores, pássaros e outros animais – todos eles trazem os grandes ensinamentos de estar no agora – você pode receber algumas ótimas instruções. Esses presentes virão naturalmente e fluirão para o seu coração. Você começará a conseguir relaxar e confiar em estar presente, em vez de lutar contra isso.

Natureza Apoia a Presença

A natureza pode nos ajudar a estar mais presentes. Como prática básica de presença, você pode tentar contemplar as montanhas ou a floresta e ouvir o som dos pássaros voando pelo céu. Sinta o toque do vento em seu corpo. Sinta o calor do Sol abrindo e relaxando todo o seu ser. Viver ao ar livre oferece um ambiente maravilhoso para se abrir, relaxar e se entregar à qualidade da pura presença.

A natureza pode ajudar no processo de reconhecimento de nossa distração. Entrar na natureza, mesmo que por um curto período a cada dia, e sentar-se ou ficar de pé em quietude, ajudará a reduzir a distração. Preste atenção à beleza das árvores, o fluxo da água, a qualidade cintilante da luz no céu, a ondulação de uma nuvem movendo-se pelo vasto céu azul ou um pássaro mergulhando para beber de um lago próximo. Todas as coisas maravilhosas que você vê na Natureza ocorrem no incomensurável momento presente. A Natureza nos dá oportunidades infinitas de nos rendermos à beleza do agora e de como ele está se desdobrando. A Natureza oferece oportunidades de estar em um estado meditativo espontâneo no qual nos movemos com o fluxo dela. Nós nos misturamos com a forma como a Natureza surge naturalmente. Esta é uma prática poderosa.

Uma das minhas coisas favoritas a fazer é ir para uma floresta, para uma montanha ou para um rio ou litoral selvagem e passar uma ou duas horas por dia lá. Vou caminhar um pouco, de maneira lenta e intencional, depois paro e me sento calmamente com atenção ao silêncio, à beleza e à tranquilidade. Essa prática me permite apreciar a tranquilidade dentro de mim, inspirada pela incrível beleza e harmonia inata da natureza externa. O movimento da mente desacelera facilmente. A agitação de pensamentos sobre o passado e o futuro se dissolve e se desvanece. Você se verá entrando no aqui e agora porque a verdade o cerca. Toda a Natureza apoia seu ser no momento presente. Você nem mesmo precisa meditar. Você pode simplesmente gostar de estar com a Natureza. Um estado natural de unidade com o momento presente surge quando você se entrega ao incrível abraço de Gaia, e um tipo espontâneo de meditação começa a acontecer. Quando você entra nesse estado, ocorre uma união sem esforço de sua natureza interna com a natureza externa. O interno e o externo começam a se reunir naturalmente, sem nenhum artifício, fabricações ou práticas especiais.

Quebrando o Hábito da Distração

Para começar a ver os benefícios do cultivo da presença, é importante comprometer-se a passar algum tempo todos os dias simplesmente presente em um ambiente natural, em um espaço onde você não esteja preocupado com as ocupações do resto de sua vida. Esse novo padrão de comportamento lhe dá a oportunidade de aprender como desatar o hábito de estar constantemente em um estado mental distraído. A maioria de nós está literalmente habituada à distração, o que torna difícil desatá-la. Costumo repetir para meus alunos: "Torne o hábito seu amigo". Ao se comprometer a se tornar mais presente, apoiado por sua promessa de entrar na Natureza por um pouco de tempo a cada dia, você será capaz de se aventurar muito mais profundamente na experiência. Faça dessa prática de estar intimamente agora com a Natureza o seu hábito novo e espiritualmente sustentador. Se você tiver bastante tempo para realmente apreciar estar na natureza, poderá descobrir que a presença não é, na verdade, o que você talvez tenha imaginado. A qualidade da presença pode ser refinada. Você pode ir cada vez mais fundo em um agora preciso que tem profundidade infinita.

Em um único segundo, muitas coisas passam pela mente da maioria das pessoas; em um nível sutil, eles nem mesmo estão cientes desses pensamentos efervescentes. À medida que passar mais tempo presente, você começará a notar qualidades sutis que surgem, aparecem e depois desaparecem de sua mente. À medida que passar mais tempo refinando a presença da consciência no momento, você descobrirá que muitas das coisas que eram distrações sutis começarão a se dissolver e desaparecer, e sua percepção de cada instante único continuará a se aprofundar.

À proporção que esse senso de presença aumenta, sentimentos de êxtase, alegria e felicidade começarão a aparecer. Esses sentimentos são grandes dádivas que vêm junto com esse tipo de autocultivo. No final, você poderá passar longos períodos de tempo descansando com um senso de claro agora, sem nenhum pensamento particular maculando esse estado. Se os pensamentos surgem, você os experimenta surgindo do agora puro, manifestando-se no agora puro e dissolvendo-se novamente no agora puro, momento a momento. Quando este nível de presença começa a se manifestar para você em um fluxo natural, é um dos maiores *insights* da vida. É a isso que os textos tibetanos do Dzogchen se referem quando dizem que a presença, a pura consciência do agora, é o verdadeiro Buda. Todos os seres carregam como sua essência última a pura Natureza de Buda, essa pura essência do agora.

Quebrando os Hábitos de Preocupação e Ansiedade

A maioria de nós, por causa da ocupação de nossas mentes, estamos bastante apegados às nossas preocupações. O que seria de nós sem elas? Nós nos preocupamos em como as coisas irão acontecer no futuro e remoemos o que fizemos no passado. Podemos sentir culpa, ansiedade ou arrependimento por causa de coisas que aconteceram no passado. Podemos, ainda, estar carregando muita dor ou tristeza. Tudo isso é uma bagagem pesada. O cultivo da presença é a cura para muita preocupação e ansiedade. Não precisamos continuar como vítimas de nossas emoções e pensamentos negativos. Como mencionei acima, desenvolvemos o hábito de permitir que essas distrações do passado e do futuro dominem nossos sentimentos e pensamentos. Esses hábitos são como uma tirania autoimposta – interpretações perturbadoras do passado e projeções ou especulações sobre o futuro que nos dominam completamente. Consequentemente, recomendo desenvolver um hábito alternativo, dedicando, pelo menos algumas vezes ao dia, dez, vinte ou mais minutos a estar com a Natureza e devotar totalmente este tempo especial para estar presente e desfrutar o aqui e agora. No momento em que você começar a perceber que sua mente está vagando para o futuro ou o passado, reconheça-a imediatamente e leve-se de volta à apreciação do momento atual. Combinar esse novo comportamento com algumas práticas simples de meditação (descritas mais adiante) pode ajudá-lo a se entregar ainda mais profundamente à experiência de cada instante extraordinário. Nada como este momento jamais aconteceu antes e nada como este instante jamais vai acontecer novamente.

Mesmo sem a prática meditativa, se você estiver fluindo em um estado contínuo de presença no agora em meio à Natureza, estará cultivando um tremendo antídoto contra a distração usual de nossa cultura. Você pode trazer essa consciência centrada no presente de volta para a sua vida cotidiana e perceberá que o fluxo do seu dia normal será gradualmente transformado. Você perceberá que, em vez de passar cada momento precioso de sua vida sendo distraído por questões e preocupações com o passado e o futuro, você será capaz de se concentrar na única coisa verdadeira – aquilo que surge a cada instante. Você pode mergulhar profundamente em um problema atual, trabalhar com ele, lidar com ele no momento e então passar para a próxima coisa e o próximo instante, sem ser oprimido por distrações.

Uma Mente como uma Roda Gigante

O problema número um para muitos dos participantes que vêm experimentar algum dos meus programas da *Sacred Passage* é a cascata de distrações que caem sobre eles. Há alguns anos, um homem veio à minha cabana de retiro na montanha Chiricahua, vindo do Garment District de Nova York. Para contar sua história, vou chamá-lo de Ben. Ele passou quatro dias fazendo o Treinamento de Conscientização comigo e depois saiu para ficar sozinho nas montanhas para praticar os ensinamentos do Treinamento de Conscientização. O plano era que Ben passasse três ou quatro dias sozinho, integrando as práticas meditativas que eu havia ensinado. Eu permaneceria na cabana, perto de seu acampamento da Busca da Visão, para estar lá caso ele precisasse de mim.

Um dia depois de ele entrar em retiro individual, fui fazer algumas coisas em uma pequena aldeia, Elfrida, a cerca de 40 quilômetros de distância. Depois de terminar minhas tarefas, comecei a voltar para a cabana. Quando estava entrando no carro para dirigir de volta, olhei para cima e vi Ben andando pela minúscula rua principal da pequena Elfrida.

Eu fui até ele e perguntei, "O que aconteceu?"

Ben respondeu, "John, sinto muitíssimo, mas foi incrível. Incrível! Eu não fazia ideia."

"Você não tinha ideia do quê?", eu perguntei.

"Eu não tinha ideia de quão incrivelmente ocupada e distraída minha mente estava. Era como uma roda-gigante. Ela nunca parou de se mover. Estava constantemente agitando idéias, conceitos, questões e preocupações. Fui pego em uma torrente de pensamentos. Eu só conseguia pensar nas coisas que havia feito no passado e nas coisas que queria fazer no futuro. Ela simplesmente nunca parou. Eu não tinha ideia de que minha mente era assim. Eu tive que sair. Foi demais. Minha mente estava me deixando louco."

Eu respondi: "Bem, sua mente está mais calma agora?"

Ele olhou para mim e disse: "Oh!"

Conversamos e ele percebeu que tendia a encobrir a tensão e a distração normais de seu ser cercando-se de muitas ocupações no mundo exterior. Essa foi realmente a primeira vez que ele parou por tempo suficiente para se tornar ciente dessa cachoeira de pensamentos e distrações ansiosas e intensas que estavam constantemente fluindo por seu ser e minando sua energia.

Ele expressou: "Sabe, eu pensei que estava desenvolvendo um problema lá fora, mas, após esta experiência, o que percebi é que na verdade todas as coisas estavam lá o tempo todo, só que esta é a primeira vez que percebi que estavam lá."

Eu observei: "Você percebe que teve um avanço tremendo? Esta é a primeira vez em sua vida que você tem consciência de algo que que está acontecendo o tempo todo. Até agora, isso permaneceu escondido em sua psique. Tem minado sua força, energia e capacidade de relaxar e estar presente. Suas distrações e contrações conspiraram para destruir sua capacidade de aproveitar a vida. Mas não fique muito tenso sobre tentar mudar tudo isso de repente. Não tente mudar esse padrão da noite para o dia. Em vez disso, de uma forma natural e relaxada, comece a fazer aquela meditação simples que compartilhei com você durante o Treinamento de Conscientização. Você se lembra dessa prática? A cada dia, passe algum tempo apenas estando totalmente presente com o que está acontecendo em sua vida, e passe um pouco de tempo diário meditando com a Natureza, do jeito que eu mostrei a você."

Ele voltou comigo para as montanhas e reentrou em sua Busca da Visão individual, de forma modificada, e conseguiu completá-la.

Conversei novamente com Ben alguns anos depois. Ele refletiu sobre suas experiências desde aquele dia.

> Ele disse, "John, aquele *Sacred Passage* absolutamente transformou minha vida. Aquele foi um dos principais pontos de inflexão na minha vida. Ela abriu uma nova forma de ser da qual eu não tinha noção. Eu cresci na loucura do Garment District de Nova York. Nós todos ficamos muito ocupados aqui e sempre temos muito o que fazer. Nossas mentes estão ligadas o tempo todo. A tensão está em toda parte. Eu fui até você sem nenhuma experiência para ver o quão distraído eu estava. Meditação era apenas uma palavra. A Natureza era algo estranho e desconhecido, algo 'lá fora'. Eu não tinha ideia de que esse jeito de ser, esse relaxamento e essa vida centrada no presente, sequer era possível. Agora, tudo mudou. A alegria está voltando aos meus dias. Obrigado."

A experiência de Ben não é incomum. No entanto, ele pode ter sido um exemplo extremo de alguém totalmente preso no fluxo ansioso do pensamento contínuo. Ele era um mestre na habilidade de estar em contínua distração. Tudo o que fizemos juntos foi abrir a outra possibilidade, a de ser um mestre da pura presença. Sempre penso no

Ben quando ensino o conceito de presença, porque sua honestidade foi muito bonita. Amei a maneira direta, quase infantil, com que ele compartilhou a descrição de sua mente como uma roda-gigante ou uma cachoeira de pensamentos ansiosos e contínuos. Ele compartilhou sua experiência com tanta inocência e verdade que isso abriu a porta para a transformação total de sua vida.

Olho da Águia

O objetivo de uma Busca da Visão no estilo nativo americano é entrar na Natureza de uma forma sagrada para fazer uma conexão profunda com a própria essência e com a Mãe Terra e realizar a visão pura. Uma Busca da Visão tradicional é diferente da nossa abordagem contemporânea, a *Sacred Passage* do *The Way of Nature*. Com a *Sacred Passage*, geralmente os retiros individuais duram alguns dias a mais, sete no total. O objetivo do "passageiro" é experimentar uma profunda comunhão com Gaia e clarear o caminho para uma maior compreensão da consciência da Fonte. Conforme a passagem se desdobra, a pessoa obtém uma conexão poderosa com o propósito único da atual encarnação de sua alma. O processo de passagem é mais suave – adequado até mesmo para iniciantes na prática espiritual e em acampamentos na Natureza. Cada pessoa pode ter uma barraca, saco de dormir, água, roupas e um círculo sagrado de 108 pés ou 108 jardas de diâmetro e pode até mesmo levar comida leve. A preparação da *Sacred Passage* requer apenas duas a quatro semanas de antecedência. Os cinco a sete dias do Treinamento de Conscientização acontecem imediatamente antes e depois do retiro individual.

Por outro lado, quando conduzo uma Busca da Visão tradicional, o aspirante se prepara por muitos meses, até um ano, antes de começar. Idealmente, eles terão realizado pelo menos vários *Sacred Passages* como parte de sua preparação. Durante o retiro individual de quatro ou cinco dias, não há comida, pouca ou nenhuma água, nenhuma barraca, nenhuma roupa, apenas um cobertor ou equivalente, e nenhum sono. O buscador da visão alterna entre prece, meditação, cerimônia e práticas energéticas que dão suporte ao processo. A pessoa fica dentro de um círculo sagrado de apenas 2,5 metros de diâmetro o tempo todo. O processo é bastante rigoroso e exigente em termos espirituais, emocionais e físicos.

A história a seguir é uma experiência de Busca da Visão pessoal, que ilustra muito bem a presença com a Natureza. Ela aconteceu no início da década de 1980, durante um retiro individual na natureza selvagem das montanhas Sangre de Cristo, acima da pequena cidade de Crestone, no sul do Colorado. Meu local de Busca da Visão ficava em uma área muito sagrada, no cume de um pico alto e descampado. Nesse caso, eu estava seguindo muitas das práticas usadas em um antigo rito de passagem no estilo nativo americano. Eu estava no topo de um cume arredondado e sem árvores, a cerca de doze mil pés de altitude (3,65 km), com vista para o grande e nivelado vale de San Luis, que tem sete mil e quinhentos pés (2,28 km) de altitude e fica entre as montanhas Sangre de Cristo e San Juan. Eu estive meditando intermitentemente com a Natureza por vários dias, permitindo que a consciência centrada no presente me ajudasse a me fundir com a floresta abaixo, as altas montanhas ao meu redor e o infinito do céu acima. Uma tarde, meditei no topo de um afloramento rochoso na beira de um penhasco. Abaixo de mim estava um desfiladeiro de vale florestado, vestido com álamos e adornado com penhascos que se erguiam aqui e ali acima das árvores. No geral, o desfiladeiro era bastante íngreme. Enquanto estava sentado, percebi de repente um ligeiro movimento à minha direita. Eu olhei e vi abaixo de mim, voando claramente acima dos álamos, uma bela águia careca. Estava voando exatamente para o leste, a direção do despertar espiritual, e talvez estivesse apenas algumas centenas de metros abaixo. Essa era uma cena incomum de se ver naquela parte do mundo. A região de Crestone possui principalmente águias douradas. Aqui, porém, não havia engano. Com suas marcas inequívocas, uma águia careca estava voando livre e desimpedida, logo abaixo de mim.

A águia estava com as asas estendidas em um longo planar. Ela estava voando diretamente abaixo de mim, de modo que, ao olhar para baixo, eu via as suas costas. Ela virou um pouco a cabeça e olhou para cima, para mim. Em seguida, baixou a cabeça e continuou a subir o desfiladeiro em direção à montanha. Eu estava bem perto da águia e pude ver muitos detalhes. Ela era incrivelmente linda. O marrom dourado e o branco como a neve em suas costas e o bico bem definido eram impressionantes. Quando olhei para baixo, não pude acreditar que estava realmente vendo. Pisquei e, naquele momento, a águia havia sumido, desaparecido.

No instante seguinte, senti uma energia tremenda e uma atração do oeste. Virei minha cabeça para o oeste e vi o que parecia ser a mesma águia careca a cerca de oitocentos metros de distância. Naquela época, o Sol estava se pondo do outro lado do Vale de San Luis, uma bola vermelho-alaranjada brilhante pairando baixo no céu. O Sol estava ligeiramente acima do horizonte. Eu fiquei chocado. Em um piscar de olhos, a águia havia, de alguma forma, se transportado por 800 metros na direção oposta e agora estava se movendo em espiral diretamente para cima, rumo ao disco cintilante do sol. Ela penetrou no círculo do sol. Quando a águia alcançou o centro do disco do Sol, ela se virou, reposicionou suas asas e deu um mergulho íngreme saindo do Sol em linha reta como uma flecha em minha direção. Ela voou diretamente sobre minha cabeça. Eu pude sentir a energia da águia me abençoando enquanto ela passava perto de mim. A energia penetrou e preencheu cada célula do meu ser. Então, ela voou para além de mim e desapareceu na direção leste, nos altos picos dos Sangre de Cristos atrás de mim.

Não é preciso dizer que fiquei totalmente pasmo com a experiência. Eu, literalmente, caí para trás da minha postura de meditação quando a águia passou por cima da minha cabeça. A rocha plana me amparou quando eu caí. Fiquei ali por um longo tempo, completamente saturado com a incrível transmissão da energia da águia – puro espírito de águia.

Enquanto eu estava lá, uma nuvem começou a se formar e passar sobre o meu local de Busca da Visão. Olhei para o céu e percebi que estava olhando para a forma de uma águia-nuvem gigante. A nuvem tinha assumido a forma idêntica da águia que passara por mim momentos antes, mas em escala enorme. A águia-nuvem tinha provavelmente vários quilômetros de largura, com penas de cauda brancas perfeitas, asas bem abertas, pés com garras e uma grande cabeça com bico.

Os olhos da águia-nuvem eram incríveis. Ao passar por cima de mim, os olhos eram formados por dois enormes orifícios circulares abertos e vazios, bem na frente da cabeça da águia na nuvem. Eu me vi olhando nos olhos da águia, que me levaram para o vasto e vazio espaço claro do céu. Naquele momento, senti algo sendo transmitido para mim. É difícil colocar a experiência em palavras. Naquele momento, tudo se dissolveu. Eu sumi, a águia-nuvem sumiu e as montanhas sumiram. A única coisa que restou foi uma incrível luminosidade incandescente e um espaço vasto, claro e vazio. Este espaço era muito parecido com a vastidão do céu, mas ainda mais expansivo do que isso. Era a vastidão da pura presença absoluta. A luz clara da consciência pura e espaçosa alvoreceu.

Permaneci nesse estado por muito tempo. Quando voltei à consciência normal, a águia-nuvem ainda estava lá, mas havia seguido a mesma direção que a primeira águia – a leste em direção à montanha. Finalmente, ele se dissolveu no céu sobre as montanhas. Nenhum vestígio permaneceu.

Por causa da Busca da Visão, eu havia estado em um estado meditativo profundo por vários dias. A chegada da águia foi uma tremenda bênção, transmissão e iniciação. Eu fiquei completamente uno com a águia que passou abaixo de mim, completamente uno com o vasto espírito de águia que passou no céu acima de mim. Na tradição nativa americana, uma águia significa comunhão direta com o Grande Espírito. Transmissões como essa têm grande significado no contexto de uma Busca da Visão. Essa foi uma das iniciações mais poderosas que recebi de um ser totem, como a tradição nativa americana descreveria esta águia. Foi uma iniciação em um nível de presença muito poderoso e profundo – uma abertura para o Grande Mistério da própria Fonte pura.

Eu quis compartilhar essa história porque ela ilustra o incrível poder que a Natureza e o Grande Espírito podem trazer para qualquer pessoa que realmente se abra a esses dois princípios simples, relaxamento e presença. A realização ocorrida no topo daquele penhasco, antes que a águia viesse até mim, é precisamente a fusão dessas duas qualidades.

Despertares oriundos do cultivo de presença e relaxamento com a Natureza também podem ser sutis. Um dos mais profundos despertares com que fui agraciado aconteceu quando estava sentado em um maravilhoso bosque de álamos. Ao longo de várias horas, um estado muito refinado de presença profunda se abriu. No momento em que a presença era absolutamente atemporal, uma folha de álamo se soltou do topo de uma árvore e desceu em espiral na minha frente. O som da folha batendo no chão criou uma explosão de clareza e luminosidade centradas no presente em meu ser que foi extraordinária. Esse presente veio porque a presença foi refinada em um nível profundo. Qualquer um pode fazer isso. Os seres mais simples da Natureza podem ajudar a trazer os dons da presença profunda e a abertura de uma consciência clara e vasta para todos nós. Tudo o que temos que fazer é nos comprometer a repousar na consciência da Fonte e dedicar nosso tempo a isso.

Práticas de Presença

O cultivo da presença é crucial para o desenvolvimento espiritual. Existem vários exercícios que podem ajudá-lo a aprofundar a presença. Eu recomendaria fortemente que esses exercícios sejam feitos ao ar livre com a Natureza, pois o apoio da Natureza o ajudará a aprofundar sua presença tremendamente.

Prática de Presença #1: Movimento Lento

O primeiro exercício funciona com movimentos muito lentos. Mover-se lentamente permite que você se dê conta de onde está segurando suas tensões e bloqueios. Quando esta prática é refinada, seu corpo, emoções e mente estão todos envolvidos em um processo harmonioso. Ao desacelerar o movimento do corpo, fica claro onde nos falta presença. Este processo começa a abrir as portas para a capacidade da pessoa se mover enquanto está totalmente no agora.

Este exercício tem relação com a dança sagrada e algumas artes marciais chinesas, como o T'ai Chi. Visto que aprender T'ai Chi pode levar muitos anos para que se ganhe até mesmo o mínimo de competência, eu elaborei essa prática meditativa de movimentos lentos como algo que permite às pessoas terem, desde o início, muitos dos benefícios propiciados pelo T'ai Chi. Você não precisa ser um especialista; você pode praticá-la a qualquer momento.

Caminhar

Selecione um local natural ao ar livre para sua prática de movimento. Comece caminhando em um ritmo extremamente lento. Em vez de andar em seu ritmo normal, diminua a velocidade para algo como a velocidade de um filme em câmera lenta. Isso inclui o ritmo dos braços e de todo o corpo, não apenas das pernas. Se você já viu o T'ai Chi, tente mover todo o seu corpo, incluindo o balanço dos braços, nesse ritmo. Depois de fazer isso por três ou quatro minutos, diminua novamente para a metade desse tempo. Depois de mais ou menos cinco minutos, diminua novamente para a metade dessa velocidade.

Permitir-se ser inspirado pelos movimentos da Natureza é benéfico para esta prática. Você pode se inspirar na forma como as nuvens se movem no céu acima de você. Você pode se inspirar na forma como a água de um riacho flui ao redor de uma rocha. Deixe que o movimento da água inspire seu próprio movimento. Seu movimento pode ser inspirado por muitas coisas na Natureza, mas lembre-se, o princípio mais importante deste exercício é mover-se muito lentamente.

Há uma tendência natural de acelerar no meio dessa prática por causa da impaciência para voltar ao nosso ritmo normal de movimento. Ao diminuir a velocidade a cada cinco minutos aproximadamente, você volta para a velocidade da câmera lenta, que se torna um processo de aprofundamento da presença enquanto está em movimento. É ótimo fazer esta prática com alguns amigos, porque vocês podem compartilhar o processo juntos e ajudar uns aos outros a manter a lentidão do movimento.

Sentado

Uma variação deste exercício é começar sentado. Muito lentamente, levante o braço, deixe-o subir e lentamente varrer a sua frente. Mova seu o braço pelo corpo, mantendo o ritmo lento. Ao fazer isso, preste atenção onde quer que esteja segurando tensões, nos braços, mãos, dedos e ombros. Idealmente, mova-se tão lentamente quanto um caracol se move sobre uma pedra. Imagine que você está retirando a seda de um casulo. Tente se visualizar puxando caramelo. Você quer puxar o caramelo não tão rápido a ponto de quebrar, mas não tão devagar que ele caia no chão. Ao fazer esse movimento com o braço, concentre-se primeiro em relaxar o ombro. Em seguida, relaxe a área do cotovelo e, em então relaxe o punho, a mão e os dedos. Use apenas o mínimo esforço absoluto necessário para fazer o movimento. Sinta a diferença ao fazer o movimento para frente e para trás. Depois de descobrir sua capacidade de se livrar da tensão desnecessária e distração do corpo físico, faça o mesmo movimento e diminua a velocidade para que você se mova em um ritmo quase imperceptível.

Postura de meditação sentada em uma cadeira

Liberando bloqueios

Conforme se move nesse ritmo extremamente lento, você notará pequenos bloqueios. Você sentirá diversas pequenas hesitações ou limitações no movimento. Tudo isso são tensões, ansiedades e bloqueios que mantemos em nossos corpos por muito tempo. Depois de praticar esse tipo de movimento ao longo do tempo, todas essas pequenas hesitações e bloqueios começarão a se dissolver e, por fim, desaparecerão de você. Você descobrirá que seus movimentos podem se tornar mais fluidos, suaves, gentis e relaxados. No entanto, primeiro você deve descobrir onde está segurando tensões. Mover-se lentamente é uma das melhores maneiras de localizar a tensão em seu corpo. Você nem sempre terá que se mover a uma velocidade extremamente lenta. Você pode simplesmente fazer movimentos em câmera lenta enquanto presta atenção em onde as tensões e distrações estão localizadas em seu corpo. Libere a tensão, momento a momento, conforme você se move.

Prática de Presença #2: Meditação em Movimento

Este é um excelente exercício para fazer quando você já tiver se familiarizado inteiramente com o movimento lento por meio da Prática de Presença nº 1. Durante todo o exercício de meditação em movimento a seguir, mantenha as costas ao mesmo tempo eretas e relaxadas. Sinta como se um barbante conectado ao topo de sua cabeça o suspendesse. Imagine o céu dando esse suporte, segurando sua cabeça de cima para baixo e permitindo que você mantenha um equilíbrio ereto e harmonioso. Você pode escolher imaginar um cordão de prata do Espírito erguendo-se para o céu a partir do topo de sua cabeça. À medida que se eleva aos céus, ele fornece a você um apoio maravilhoso. Dá a você algo que ajuda o corpo a permanecer leve e alegre. Esse cordão puxa você para cima ao mesmo tempo que a parte inferior da pelve e as pernas estão afundando na Mãe Terra. Relaxe a pelve e deixe-a cair em uma posição natural, de modo que haja pouca ou nenhuma tensão na região lombar e no abdome. Mais uma vez, sinta a coluna sendo alongada pela elevação da cabeça e pelo afundamento das pernas e da pelve. Essa visualização alonga a coluna de maneira natural.

Andando para frente e para trás

Em pé, comece afundando um pouco e lentamente despejando todo o seu peso na perna esquerda. Dê um passo suave para fora com a perna direita, colocando o pé direito gentilmente no chão a partir do calcanhar e daí desenrolando a sola do pé para baixo, enquanto visualiza a energia do passo descendo em espiral para a Terra. Ao fazer o contato inicial, sinta também a sensação recíproca da energia da Mãe Terra subindo para o seu pé direito. Depois de tocar o solo, desloque apenas o peso suficiente para sentir que ele está firme no solo enquanto a maior parte do seu peso permanece enraizada na Terra, como se você tivesse raízes crescendo na Terra a partir de seu pé esquerdo. Em seguida, comece a se deslocar despejando o peso da perna esquerda na perna direita. Ao despejar o peso na perna direita, sinta a perna esquerda esvaziar. Todo o peso flui da perna esquerda para a direita. Agora, enraíze-se na Terra com a perna direita. Continue se movendo desta maneira. Enquanto faz isso, permaneça totalmente presente com a sensação do peso fluindo de uma perna para a outra e com a conexão com a Mãe Terra. Esteja presente em cada momento desse fluxo. Continue pisando desta maneira.

- Durante todo o exercício, esteja presente com o sentimento de conexão enraizada com a Mãe Terra. Sinta como se cada passo fosse como beijar a Terra com o seu pé.

- Durante este exercício, você pode mover-se para frente ou para trás. Se você estiver se movendo para trás, estará dando um passo para trás com os dedos dos pés tocando primeiro o chão e, em seguida, rolando lentamente o peso sobre o calcanhar do pé.

Adicionando Movimentos do Braço

Permaneça presente com uma postura ereta e relaxada da coluna, levantando a coroa da cabeça e afundando a pelve e as pernas. Continue a enraizar seus pés na Terra. Agora tome consciência de seus braços. Deixe seus braços e ombros bem relaxados. Deixe seus cotovelos dobrarem com uma sensação de peso relaxado enquanto afundam em direção à Terra. Os pulsos e dedos permanecem relaxados, mas abertos.

Deixe seus braços expressarem criativamente qualquer tipo de movimento lento que queira fazer. Deixe que o movimento seja inspirado pela maneira como a água flui, como uma nuvem gira ou como uma árvore balança. Talvez você tenha visto um grande gato se movendo e se sinta inspirado a se mover como um gato. Enquanto continua movendo os braços, comece a andar para frente e para trás novamente.

Virando-se a partir da pelve

Depois de caminhar em linha reta por um tempo, comece a introduzir giros em seus movimentos. Ao girar, deixe a pelve girar a planta de seu pé sem peso para fora (ou seja, se seu pé direito estiver dando um passo para frente, o pé será girado para a direita). A pelve determina a direção da virada, em vez da cabeça ou da parte superior do corpo. Continue o movimento baixando o pé sem peso lentamente como antes, permitindo que o peso flua para ele gradualmente. A rotação da parte inferior do corpo puxa a perna de trás para a nova direção, conforme determinado pela pelve. É especialmente importante manter a presença durante as mudanças de direção em seu movimento. É a integração da rotação pélvica e da transferência de peso suave que permite haver um movimento meditativo fácil enquanto você gira.

Completando a prática com a meditação em pé

A meditação em pé é uma das práticas mais profundas da tradição chinesa. Uma prática útil em todos os sistemas de movimento sagrado é começar e terminar o movimento com uma meditação em pé. Você também pode alternar a meditação em pé com movimentos lentos e, em seguida, voltar à meditação em pé em um processo contínuo. Na conclusão da prática, passe alguns minutos, até meia hora, na postura em pé descrita a seguir.

- Fique em pé confortavelmente com os calcanhares unidos e os dedos dos pés virados para fora, formando um "v".

- O peso é distribuído uniformemente entre os pés e afunda na terra.

- Joelhos ligeiramente desbloqueados.
- Braços pendurados de forma relaxada ao longo do corpo.
- A pélvis e a região lombar estão relaxadas em uma postura natural.
- Cabeça e coluna estão eretas como se a cabeça estivesse suspensa de cima.
- A língua toca o palato superior acima dos dentes frontais superiores.
- A respiração é abdominal, feita naturalmente pelo nariz - macia, suave e delicada.
- Os olhos miram para baixo em um ângulo de quarenta e cinco graus, prestando atenção em todo o campo visual.
- A consciência da mente repousa em seu abdômen inferior, no *tantien*[2] inferior.

Ao ficar em pé, sinta todo o corpo e observe onde você pode estar tenso ou contraído. Observe a mente e preste atenção quando sua consciência começar a vagar para um estado de distração. Mantenha-se no momento presente, percebendo exatamente o que está sentindo em seu corpo. Faça um escaneamento corporal simples, sentindo desde o topo da cabeça até a planta dos pés. Relaxe cada área em que você notar tensão. Enfatize a presença com cada parte do corpo que está sofrendo tensão ou contração. Além disso, mantenha sempre um pouco de sua atenção no *tantien*, na região do baixo-ventre.

---

2 Essa área específica do abdômen inferior é conhecida como *tantien* inferior (o campo do elixir) na China. A palavra costuma ser pronunciada como "Dan Tien". Ele está tecnicamente localizado na largura de seus três dedos médios (cinco a sete centímetros) abaixo do umbigo e a aproximadamente um terço dentro do corpo, da frente para trás. O *tantien* é uma área de armazenamento natural de energia vital humana, ou *qi*. É um dos locais mais importantes e seguros para reunir a energia vital do corpo. Ele foi comparado a um vasto oceano de *qi* interno.

O suporte da Natureza

Sempre que possível, faça práticas de meditação em pé e em movimento ao ar livre. A ênfase é estar presente com seu corpo, enquanto também percebe sua interconexão com o céu, a Terra e as percepções da Natureza que estão chegando até você. Esteja presente com tudo o que está aparecendo diante de você, seja uma árvore ou um campo de flores. Observe o toque do vento em sua pele. Preste atenção ao cheiro dos pinheiros. Permita que a canção do riacho agracie a clareza interior. Esteja presente com todos os presentes que a Natureza lhe oferece através dos seus sentidos.

Trazendo a prática de volta à vida cotidiana

Em sua vida cotidiana, faça o possível para manter algum senso de movimento lento e relaxado. Tome consciência de como você tende a segurar muitas contrações, distrações e a falta de presença em sua vida cotidiana. Na maior parte do tempo, carregamos inúmeras distrações, mesmo na maneira como nos movemos pela casa, fazemos nosso trabalho ou dirigimos nosso carro. Por exemplo, você pode descobrir que dirige com uma quantidade enorme de tensão desnecessária nos ombros e que sua mente está em todo lugar, menos na estrada. Você pode descobrir que, ao escrever no escritório, agarra a caneta com tensão e que sua mente não consegue se concentrar.

Mas você tem escolha. Você pode escolher deixar a tensão ir. Você pode optar por concentrar sua mente na estrada à frente. Você pode decidir praticar a escrita com o mínimo de esforço necessário. Você pode treinar a consciência distraída para simplificar e se concentrar precisamente no que está diante de você. Você pode escolher estar totalmente presente com o que está fazendo. Se seguir o processo de prestar atenção ao momento presente nas atividades diárias, tudo o que você fizer durante o fluxo do dia pode ser seu professor.

Eu recomendo fortemente que você pratique meditação por pelo menos meia hora, duas vezes ao dia. A prática budista/taoísta simples de colocar a mente em cada inspiração é uma maneira excelente de começar a treinar sua mente. Sem esse treinamento, sua mente nunca vai parar de se comportar como um cachorrinho selvagem. No entanto, uma vez que você se disponha a concentrar sua mente em algum objeto de meditação de sua escolha, ela começará a tranquilizar essa tendência de se comportar como um cachorrinho constantemente distraído. À medida que a mente se estabelece em si mesma, as distrações perdem o poder sobre você e a natural tranquilidade interior começa a tomar o lugar da distração constante. Em última análise, a verdadeira presença surge do âmago do seu ser. Mas, no início, a prática regular da meditação é a chave. Se você cultivar práticas de meditação com a Natureza todos os dias, irá aprofundar ainda mais sua prática. O fluxo harmonioso de mudança contínua na Natureza é um foco excelente para sua meditação. Você pode escolher colocar seu foco em praticamente qualquer coisa na natureza: uma nuvem ondulada, a quebra de uma onda do oceano, o brilho das folhas em uma copa de floresta, o redemoinho de um riacho. As práticas, tanto na natureza como na sua rotina diária, irão se interpenetrar e apoiar umas às outras. Sua abertura espiritual se aprofundará.

Prática de Presença #3: Meditação Simples

Normalmente, nós vivenciamos o mundo de forma alienada e separada. Muitos dos problemas e questões que enfrentamos na vida moderna surgem devido à separação e alienação do resto de vida que mantemos em nossa consciência. Uma das causas mais importantes da alienação contemporânea é a separação da Natureza. Separar a natureza externa da natureza interna é uma escolha arbitrária que fizemos. Nós não emergimos repentinamente como seres individuais, separados do resto da vida. Fazemos parte de um continuum de vida que existe há, pelo menos, um bilhão de anos. Cada molécula, átomo e célula em seu ser flui há milhões e milhões de anos como parte da vida integral interconectada.

As duas meditações a seguir são portas de entrada para mudar nossa tendência de nos separar do resto do mundo. Elas envolvem experimentar o mundo e toda a natureza integrados a você como um só. Essas práticas podem levá-lo a uma compreensão da unidade ecológica natural compartilhada entre você e o resto da vida. Reconectando-se com toda a Natureza, você pode dissolver o medo, a contração, a alienação e a separação. Nós temos a oportunidade de vivenciar Gaia como nossa família. Podemos nos sentir parte de toda a família da vida, o que é a verdade.

A primeira etapa deste exercício é um processo simples que envolve a conexão com seres na Natureza para refinar a presença. Se você não pode entrar na natureza selvagem, você pode praticá-lo em um parque, em um jardim ou até mesmo em seu quintal. O segredo é encontrar um lugar que o inspire – um lugar que lhe ofereça um senso de harmonia, paz e tranquilidade.

Em seguida, selecione um ser na Natureza com quem compartilhar sua prática. Existem muitas opções para você. Você pode escolher se conectar com pedras, árvores, água ou nuvens. Eu gosto de trabalhar com água ou folhas porque estão constantemente em movimento. Como a água está fluindo e se movendo, e as folhas muitas vezes se movendo e mudando, há uma qualidade do agora que está sempre com elas. Essas são parceiras ideais para a meditação na presença.

Você pode fazer isso em uma postura de meditação em pé ou sentado. Sente-se, ou fique em pé, confortavelmente com aquele maravilhoso ser da Natureza à sua frente. Deixe sua mente se concentrar na maneira como esse ser da Natureza se move. Fique perfeitamente presente, sem se distrair. Se algum pensamento ou emoção surgir, deixe que venha, deixe que se manifeste e então deixe que se vá. Traga a mente suavemente de volta para aquele ser da Natureza que você escolheu.

A Natureza está repleta de mudanças constantes, interconexões, interdependência e intercomunhão entre todos os seres que a compõem. Deleite-se em fazer parte disso. Se qualquer outra coisa surgir ao seu redor, como o som de um pássaro, não a veja como uma distração. Honre a presença dessa ocorrência no momento. Enquanto você se deleita em sua comunhão com seu ser da Natureza, permita que todas as outras experiências de visão, som, olfato, paladar e tato surjam, se manifestem e desapareçam como parte do cenário de toda essa experiência. Aprofunde-se na pura consciência do agora. Todas as criaturas da Natureza têm a mesma consciência pura no âmago de seu ser. Vocês compartilham isso. Eles estão totalmente presentes com o agora, assim como você.

Ao continuar este processo, deleite-se com os sentimentos de harmonia, tranquilidade, paz, serenidade e comunhão natural que surgem de estar interconectado com toda a vida. Perceba que a consciência pura que está por trás de sua forma é a mesma que está por trás da teia da vida.

Meditação Simples: riacho

Se você está meditando com um rio ou riacho, deixe sua mente ficar completamente presente na forma como a água está, momento a momento. Fique presente enquanto ela flui, faz redemoinhos, ondula, salta e se acumula. Deixe sua mente assumir precisamente a forma do rio onde quer que seus olhos repousem, e permaneça com a forma do rio conforme ela muda. Se sua mente divagar em pensamentos sobre como o rio estava agora há pouco ou como o rio pode ficar daqui a alguns momentos, traga-a gentilmente de volta à forma como o rio está aqui e agora.

Meditação Simples: Folhas, Flores e Outras Plantas

Tente meditar com as folhas de uma árvore, flor ou planta. Deixe seus olhos repousarem exatamente na forma da planta como ela é, momento a momento. Fique presente com as formas, padrões e jogos de luz. Deixe sua mente permanecer com a beleza dessa forma, sem se distrair. Sinta a alegria de se fundir em um nível profundo por meio dessa qualidade de pura presença.

Prática de Presença #4: Conexão por meio dos Cinco Campos Perceptuais

O seu estado é de troca contínua e constante com toda a Natureza. Plantas, flores, animais, montanhas, riachos, nuvens – todos são seus irmãos, irmãs e primos. Os nativos americanos dizem: "Todos os seres da Natureza são todas as minhas relações". Sua energia está constantemente se fundindo com a Natureza. O *qi* universal vital é dado a você e você o devolve à Natureza em um padrão recíproco contínuo. As fronteiras entre a Natureza e você são um tanto artificiais. Você é uno tanto com o ecossistema orgânico mais amplo quanto com o vasto corpo de Gaia. Você sabe disso porque, a cada vez que inspira, a Natureza flui para dentro de você. Além disso, a respiração que era você flui para a Natureza a cada expiração que você faz. Quando você anda descalço na Terra, você está trocando sua energia com a Mãe Terra. Todo o alimento que o sustenta é ingerido do mundo exterior. Quando você excreta, você devolve à Natureza o que é necessário para construir o solo, que é a base básica para a vida na superfície da Mãe Terra. Por meio de sua composição genética e DNA, você tem uma conexão profunda com a vida que remonta às suas próprias origens.

O cultivo dos campos perceptuais é uma forma de perceber que todos os seres da Natureza são, na verdade, seus parentes próximos. À medida que se aprofunda nessa prática por meio de cada um de seus sentidos, você se descobrirá em um estado de união ou comunhão natural com tudo o que surge em cada campo. Porém, para que essa realização ocorra de maneira autêntica, as práticas devem ser cultivadas com regularidade e com compromisso sincero.

Até este ponto, você tem meditado com suas relações naturais de uma maneira geral. Agora, você vai refinar seu treinamento com as cinco meditações a seguir. Cada meditação envolve o refinamento de cada um dos cinco campos perceptivos – visão, audição, paladar, olfato e tato. Ao trabalhar com esses campos de consciência, recomendo que você volte a um local favorito ou encontre outro lugar tranquilo na Natureza que o inspire. Nesta prática você cultivará cada uma de suas percepções como forma de se conectar com a Natureza. Sente-se ou fique em pé em uma postura de meditação e relaxe. Trabalharemos com cada um dos cinco sentidos de forma independente. Primeiramente, antes de começar a meditação do campo perceptivo, traga um sorriso interior para o rosto, lábios e olhos. Sinta sua energia sorridente. Sorria gentilmente esse sentimento amigável e amoroso, do topo da cabeça aos pés, em todo o seu corpo e em todos os seus órgãos. Em segundo lugar, após concluir a prática de sorrir para todo o corpo, deixe a mente descansar com cada inspiração e expiração por alguns minutos, até que a mente, corpo, energia e emoções se sintam relaxados, focados, estabelecidos e totalmente presentes. Em seguida, comece uma ou mais das cinco meditações a seguir. Você não precisa fazer todas as cinco durante o mesmo período de meditação. É bom se concentrar em uma dessas práticas por vez em qualquer sessão, ou por um ciclo de sessões repetidas, até que você se sinta pronto para passar para a próxima meditação perceptiva. Mantenha um alto grau de presença em cada uma dessas meditações do campo perceptivo.

Audição

Primeiro, feche os olhos e traga sua atenção para o campo auditivo. Permaneça completamente presente com a qualidade precisa da audição como ela está em cada momento. Solte o passado. Enquanto os sons continuam surgindo da Natureza, permita que sejam experimentados internamente ao mesmo tempo em que observa que eles têm uma causa externa. Não faça nenhuma separação entre como os sons surgem na natureza externa e como surgem internamente. Sinta-os, ouça-os e experimente-os como uma realidade interna, na mesma medida em que eles vêm da natureza externa. Por exemplo, se você ouvir o som de um pássaro ou o som do vento, perceba que o som está se manifestando tanto completamente por dentro quanto completamente por fora. Observe o som surgindo como um campo unificado – uma experiência unificada – dentro e fora, totalmente juntos. Refine sua percepção do agora único de cada instante de som. Descanse e aproveite a experiência de união do som interno e externo.

Visão

Em seguida, abra os olhos suavemente e direcione sua consciência para a percepção da visão. Olhe, mantendo todo o campo de visão em um olhar calmo, aberto e suave. Mais uma vez, enfatize permanecer completamente presente exatamente com o que está surgindo em seu campo de visão, momento a momento. Não pule para o que pode ser visto no futuro irreal. Não se detenha em visões que acabaram de terminar. Fique totalmente presente. Permita que seus olhos vejam com o panorama do olho inteiro, não apenas com a visão focada no centro. No início, pode ser útil enfatizar o círculo externo de sua visão periférica mais até do que o centro. Depois de praticar dessa forma por um tempo, veja tudo dentro do campo de visão de modo simultâneo e equânime.

Ao olhar ao seu redor, siga essa experiência de visão de volta para você. Perceba que tudo o que você vê está acontecendo tanto na natureza interna quanto na externa. As duas são totalmente interligadas. Perceba que não há nenhum ponto onde o que você vê do lado de fora pode ser separado do que você está experimentando por dentro. Se um belo pássaro aparecer, aprecie o movimento do pássaro dentro de você. Se você vir o vento movendo a grama no campo, delicie-se com a bela ondulação da grama dentro do campo da mente – o interior e o exterior movendo-se juntos em perfeita harmonia e presença. Comece a perceber que tudo o que é visto é uma realidade interna-externa interconectada, uma comunhão natural de sua própria natureza interna e externa. Meditando dessa maneira, você pode começar a ter a experiência da união da natureza externa com a interna, chegando a um estado de comunhão. Após um período de cultivo, você poderá perceber que o vidente e o que é visto são sempre um no agora.

Tato

Mude sua atenção para o que quer que esteja sentindo por meio do tato. Perceba sua conexão completa com o agora. Nenhum outro momento existe realmente. Reconheça o continuum da experiência do tato, como quer que essa sensação surja para você. O que quer que você sinta por meio de seu campo perceptivo de tato no mundo externo da Natureza, sinta que é uma extensão de sua essência interna. Você não tem separação interna ou externa com o toque do vento, a sensação da terra, a suave carícia das flores silvestres ou a casca áspera nas palmas das mãos. Realize todas essas experiências em um estado de perfeita comunhão interna e externa. Sem separação, dentro ou fora.

Se você está sentado em uma bela pedra, experimente a sensação da pedra. Deixe a experiência da rigidez da pedra subir até você. Use sua consciência e percepção do tato habilmente, percebendo que não há separação entre os pontos de contato com a pedra externamente e a experiência de sentar na pedra internamente.

Olfato

Agora mude sua percepção para o campo olfativo. A maioria dos animais cheira de maneira profundamente sofisticada. Você também pode cultivar um olfato mais refinado. A experiência do olfato pode ser seu caminho de comunhão profunda, muito naturalmente. Tudo o que você precisa fazer é abandonar suas ideias de separação entre você e o que é cheirado. Mais uma vez, para realmente se abrir para a magia do olfato, você precisa cultivar o instante puro do que é sentido. Não se distraia com os cheiros que acabaram de passar ou imaginando quais cheiros ainda podem surgir.

Por exemplo, se você está abraçando uma bela árvore, respire suave e profundamente pelo nariz. Sinta o aroma daquela árvore preencher seu ser. A cada momento, sinta o perfume surgindo da árvore. Você e sua experiência com esta bela fragrância não estão divididos. Você não é separado da árvore e a árvore não é separada de você. Descanse lá e banhe-se nessa experiência do agora.

Paladar

Finalmente, você cultivará a percepção do paladar. Os seres vivos da Natureza em seu ambiente imediato estão lá para ajudá-lo com esta prática. Pedras, água e outros seres inorgânicos também podem ajudá-lo. Claro, certifique-se de que tudo o que você prova é limpo, não venenoso e não irritante. Por exemplo, você pode começar abraçando uma bela árvore que tem alguma seiva exposta; então você pode saborear levemente esta maravilhosa ambrosia vegetal. Certifique-se de saborear e permanecer com o sabor. Tome consciência de suas nuances sutis. Preste atenção em como suas impressões mudam com o tempo. Fique na presença com cada sensação.

Frequentemente, viajo a pé pelas montanhas de meu território natal nas montanhas Sangre de Cristo, no sul do Colorado. Muitos bosques dos aromáticos pinheiros ponderosa ornamentam as terras sagradas que chamo de lar. O cheiro da seiva do pinheiro ponderosa é semelhante ao de uma bala fina de manteiga. Não importa quantas contrações e distrações estejam se amontoando na minha mente, a fragrância da seiva e o brilho da força vital âmbar da ponderosa sempre param meu mundo. Nada mais existe exceto aquele momento incrível. Vendo o brilho da seiva âmbar escorrendo da casca, eu paro, peço permissão à árvore para compartilhar seu sangue dourado e coloco um pouco da seiva clara em minha boca. A explosão de sua pungência permanece comigo por horas, dissolvendo-se lentamente em meu ser.

Se você está se relacionando com uma pedra, você pode saboreá-la gentilmente. Enquanto faz isso, sinta que está beijando seu amante. Sinta-se fundindo levemente na união com a pedra. Sinta que não há separação entre você e o que está sendo saboreado. Sinta a magia daquele instante. Tudo tem um gosto, não muitos. À medida que a porta de um só sabor se abre, ela também abre a porta para a unidade fundamental subjacente a você e todas as suas relações com a Natureza.

Trazendo a prática de volta à vida cotidiana

Você pode trazer essas práticas de campo perceptivo para sua vida cotidiana em quase qualquer lugar e hora. Como a vida na Natureza é geralmente mais relaxada, natural e sem distrações, é bom cultivar a presença em um ambiente natural. Depois de dedicar um tempo especial ao cultivo de cada campo dos sentidos na Natureza, você pode trazer essa habilidade diretamente para o coração da vida urbana agitada e distraída. A presença está sempre ali, esteja você com a família ou amigos, no escritório ou no carro. Você sempre pode cultivar a meditação centrada na presença dos campos dos sentidos, independente do que esteja acontecendo em sua vida. A consciência centrada no presente é simplesmente estar aqui agora. É simples assim.

Ao retornar às atividades e distrações de sua vida, você descobrirá que a consciência centrada no presente pode surgir espontaneamente em situações que anteriormente poderiam ter sido tensas e ansiosas. Você pode descobrir que agora consegue praticar espontaneamente a presença e o relaxamento em muitas circunstâncias que antes o deixavam distraído e contraído. Quando esse novo nível de presença ocorrer, será uma grande bênção. Se você continuar cultivando a presença dessa forma precisa, ao final, vislumbres da verdadeira maestria podem surgir.

Aprofundando sua prática

Retorne continuamente para a Natureza e, quando possível, para um lugar familiar onde você já pratica. Ao fazer isso, você começará a desenvolver conexões específicas com os filhos de Gaia naquele lugar. Desenvolver boas relações com a Natureza não é diferente de desenvolver boas relações na família e nas comunidades humanas. Você traz sua apreciação, amor, respeito e boas obras para o ecossistema de sua casa. Você se cultiva com meditação, oração, cerimônias simples e sinceras e trabalho ambiental para proteger *todos* os seus parentes. Aprofundando sua prática dessa forma, você entrará em um estado de profunda comunhão com todas as suas relações orgânicas e inorgânicas. Para ajudá-lo nisso, continue passando por toda a sequência de práticas com cada um dos sentidos.

Concentre completamente sua atenção na experiência desta prática. Permita que sua consciência experimente apenas pura presença, unidade e comunhão. Neste nível de prática, dedique o máximo de tempo que puder, mas sinta-se confortável com seu compromisso de tempo. Não force nenhuma dessas práticas. Pode haver algumas coisas que você não é capaz de tocar, provar ou cheirar. Use quaisquer sentidos que forem naturais para você. No entanto, se você puder trabalhar com todos os cinco sentidos, isso é maravilhoso. Quando você funde presença pura com relaxamento profundo, um novo mundo se abre para você. Então, a visão sagrada, a unidade entre você e toda a vida na Mãe Terra, pode brotar como uma flor.

Depois de cultivar as práticas do campo perceptivo, você pode ir além dos cinco sentidos. Você pode aprender a cultivar as outras ligações que o interconectam em um ecossistema orgânico e dinâmico. Suas emoções, pensamentos e sentimentos internos sobre todos os seres da Natureza também o interconectam com Gaia e seu ecossistema local de uma maneira poderosa. Você também pode contemplar a energia que você e todas as formas compartilham. Perceba que o pensamento, a força vital e a emoção criam laços poderosos em qualquer sistema vivo. A partir da meditação sobre essas conexões, você pode expandir sua compreensão da completa interconexão de todos os seres. Esse *insight* é um precursor profundo da libertação. Em conjunto com ele, sua prática de presença o ajuda a reconhecer a natureza continuamente mutante de todas as formas. Esses dois *insights*, a interconexão de todas as formas e a natureza continuamente mutante de todas as formas, fornecem uma base sólida para aprofundar sua compreensão da Fonte subjacente.

Conforme passa mais tempo praticando e meditando em seu lugar especial, você pode notar muitos seres da Natureza que nunca observou antes. Ainda mais importante, você pode experimentar seres vivos de seu ambiente doméstico relacionando-se com você de uma maneira nova e muito mais familiar; você pode até mesmo experimentá-los se relacionando com você de uma forma sagrada. Pássaros, animais, nuvens e pedras podem começar a servir como detentores de coração e sabedoria. Gaia pode surgir como sua professora. No mínimo, você será capaz de se relacionar com o seu lugar especial de uma maneira inteiramente nova. Um nível de profunda conexão e comunhão pode surgir com tudo que está naquele lugar especial, até que todo o local se funda com você em uma mandala[3] sagrada e natural. O segredo – a verdadeira semente por trás de tudo isso – é estar em um estado de presença precisa, absoluta e pura com cada um desses grandes seres da Natureza. Por meio do cultivo de todos os sentidos, a Natureza pode começar a surgir como a professora de sua verdadeira natureza.

---

3 Um desenho geométrico ou pictórico frequentemente inserido em um círculo, representando todo o universo. Mandalas podem ser usadas em meditação e rituais no budismo e hinduísmo. Na psicologia junguiana, uma mandala representa o self e pode ser um símbolo de harmonia dentro do indivíduo.

Cultivando Energia Universal

À medida que a presença e o relaxamento se estabelecem mais firmemente em seu ser, surgem uma sinergia natural e uma alquimia maravilhosa. A incorporação dessas qualidades ajuda a aumentar o fluxo de energia essencial ou *qi*. Quanto mais presente e relaxado você estiver, mais *qi* começará a fluir livre, suave e poderoso pelo seu corpo.

Cultivar *qi* com a Natureza é uma maneira direta de começar seu caminho de abertura espiritual por meio da energia. A natureza selvagem e não poluída contém em si mesma uma qualidade de energia absolutamente pura, fresca e clara, que é muito difícil de encontrar na cultura humana moderna. O relaxamento profundo e a presença permitem que você esteja em harmonia com esta grande corrente de energia universal que governa tudo na Terra.

Níveis de experiência progressivamente mais profundos tornam-se disponíveis à medida que você se livra das distrações mentais e das contrações físicas habituais. Conforme se torna mais hábil no cultivo de energia, você consegue armazená-la em seu corpo para usar posteriormente. O poder reunido dessa forma pode ser usado para melhorar a cura, a criatividade, o brincar ou a meditação.

Raízes Antigas

Os povos indígenas do mundo desenvolveram e preservaram muitas maneiras de cultivar a vitalidade. As raízes dessas linhagens de energia remontam ao início da história dessas culturas. Práticas antigas como acupuntura, *Qi Gong* e (mais recentemente) *T'ai Chi Ch'uan* são formas chinesas de trabalhar com a energia natural. Por exemplo, *T'ai Chi Ch'uan* é uma arte marcial que cultiva o *qi* enquanto facilita a cura e a consciência meditativa. Praticadas regularmente ao longo do tempo, essas práticas de culturas tradicionais ajudam você a cultivar uma poderosa energia interna.

Os nativos americanos também tinham uma série de práticas centradas na natureza para cultivar esse poder universal. Como os processos essenciais para coletar *qi* são bastante consistentes em todas as culturas, não é surpreendente que as práticas dos nativos americanos sejam semelhantes às dos místicos chineses, iogues indianos e monges budistas tibetanos. Como na China, o aumento do *qi* ao ar livre foi incentivado para ajudar a absorver os dons de vitalidade que a Mãe Terra e o Pai Celestial oferecem.

Essas culturas acreditavam que o desenvolvimento da energia universal proporciona boa saúde, permitindo assim que o indivíduo tenha uma vida longa e feliz. Uma vida mais longa também daria uma grande oportunidade para realizar a libertação. Além disso, o cultivo diário de *qi* proporcionava aos antigos praticantes a habilidade de meditar por longos períodos de tempo. Andando descalços ou usando sandálias de couro ou outras fibras naturais, eles obtinham grande benefício energético do contato constante com a Terra, mantendo-os próximos ao fluxo de *qi* da Natureza. Eles acreditavam que a união com a Natureza era um precursor da libertação total.

Removendo Bloqueios Energéticos

Um dos principais benefícios do cultivo do *qi* é soltar bloqueios energéticos. Conforme você relaxa no fluxo amplificado de energia, bloqueios e obscurecimentos que estavam adormecidos são empurrados para a superfície para serem liberados. Este é um aspecto crítico da transformação espiritual. Libertar esses bloqueios ajuda a trazer os seus sistemas de órgãos de volta ao equilíbrio. O fluxo harmonioso de *qi* surge da abertura e desobstrução dos caminhos de energia do seu corpo. Essas vias são iguais aos meridianos e canais chineses usados na acupuntura. O funcionamento e o fluxo adequados desses conduítes são essenciais para obter uma saúde ideal. A inserção de agulhas de acupuntura nos meridianos ajuda a eliminar muitos dos bloqueios energéticos que existem no corpo. Em um nível mais elevado de cura, práticas como Qi Gong ou T'ai Chi trabalham para abrir os condutos energéticos sem o uso de agulhas.

Poder de Curar o *Qi*

Os benefícios de autocura do cultivo de *qi* começam pela sua invocação do fluxo de energia natural. As cinco razões fundamentais para cultivar a energia universal são alcançar a saúde ideal; aumentar a longevidade; permitir uma compreensão mais profunda de seu eu espiritual, emocional e mental; aumentar a alegria de viver pela união com a energia que perpassa todo o universo; e abrir um caminho dinâmico para a libertação final.

Os cenários urbanos contemporâneos, carregados de desarmonia e ansiedade, caracterizam-se por energias relativamente não naturais. Em contraste, a força vital da Natureza é normalmente muito equilibrada e tranquila. Portanto, ao se conectar com a Natureza energeticamente, você pode se reequilibrar em níveis que seriam difíceis de alcançar de outra forma. Isso é particularmente verdadeiro para aquelas pessoas que viveram toda a vida sem contato com o vigor e o ritmo naturais. Para esses desafortunados, não existem pontos de referência nem padrões que os ajudem a cultivar uma vitalidade saudável. No entanto, o retiro com o mundo natural, combinada com um treinamento hábil, pode começar a abrir uma nova visão.

Praticar do lado de fora permite que você se conecte com muitos tipos diferentes de *qi*. Por exemplo, o *qi* matinal é o tipo mais regenerativo de energia universal. Passeios matinais em um parque ou local selvagem são altamente benéficos. O momento ideal para você cultivar a energia universal na Natureza é de antes do amanhecer às sete ou oito horas da manhã. O momento mágico do nascer do sol é um momento muito auspicioso para a prática. Aqueles de vocês que começaram a sentir o *qi* mais profundamente podem realmente começar a sentir o *yang qi* iniciando seus movimentos bem antes do nascer do sol. Durante a manhã, a energia externa é considerada o *qi* vivo, preenchido com a maior quantidade de vitalidade, e é extremamente benéfica para a vida.

Depois do meio-dia, a energia costuma ser chamada de *qi* disperso ou *qi* relaxado. Nesse momento, a energia passou para um fluxo mais lento, simbolizando o processo de desapego. No final do dia, é benéfico fazer o Qi Gong em movimento, pois ajuda a liberar as obstruções e obscurecimentos que foram acumulados ao longo do dia. Este também é um excelente momento para aumentar seus níveis de relaxamento - é o período do dia em que seu corpo deseja relaxar naturalmente e liberar as tensões diárias acumuladas.

Embora a prática de cultivo de energia seja bastante simples, ela pode fornecer resultados notáveis. Ela abre seu mundo mágico e invisível de força vital, permitindo que você explore sua própria alma. As interações com a natureza induzem um sono reparador e ajudam você a acordar revigorado e cheio de vitalidade. Não é necessário entender quais tipos de presentes energéticos cada árvore, flor ou pedra pode estar concedendo. Você simplesmente precisa praticar regularmente, estar presente e ser livre.

Um Momento nos Apalaches: a Ativação Espontânea do *Qi*

No início dos anos 1970, eu estava estudando com um professor de T'ai Chi da linhagem de Cheng Man-Ch'ing. Contaram-me muitas histórias milagrosas sobre como a energia universal pode protegê-lo de inimigos invisíveis. Fomos aconselhados a nunca andar atrás dos mestres de uma maneira que pudesse surpreendê-los. Se eles ficassem surpresos, poderia ser perigoso porque seu *qi* iria imediatamente ativar e proteger. O aspecto marcial de seu cultivo de energia pode resultar em um encontro violento. Por um bom tempo, pensei que fossem histórias fantásticas. Nunca tinha visto nada parecido acontecer. Permaneci aberto à possibilidade de essas histórias serem verdadeiras, mas ainda estava um tanto cético.

Um dia, eu estava sozinho em minha fazenda na região dos Montes Apalaches da Virgínia Ocidental. A floresta me cercou quando me sentei, no alto de um belo vale. Abaixo de mim, a colina curvava-se suavemente entre prados abertos até um antigo pomar de maçãs que os cervos de cauda branca apreciavam em suas frequentes incursões. Atrás de mim estava uma vasta floresta que se estendia por muitos quilômetros nas montanhas. Toda a região estava repleta de vida selvagem. Rebanhos de perus selvagens abundavam durante o dia; à noite, cantos de noitibós enfeitavam o vale com sua canção. Os ursos negros, e até algumas onças pardas, estavam começando a retornar.

A noite se aproximava e eu estava me deliciando com um panorama incrivelmente belo de montanhas, colinas e florestas. Eu estava fazendo uma prática simples de Qi Gong em que você se senta e medita com todos os elementos da Natureza, enquanto mantém a mente no *tantien*.[4] À medida que a colina desmoronava à minha frente, senti o apoio nutridor da vasta floresta atrás. Caí em um estado de espírito de gratidão, grato por estar vivo. Eu podia sentir o acúmulo de todas as energias naturais das montanhas, florestas e plantas fluindo para mim.

Meditando de pernas cruzadas naquele lindo lugar por uma hora, eu senti repentinamente uma criatura imensa vindo atrás de mim. Talvez tenha sido uma daquelas panteras. Não tive tempo de pensar no que estava acontecendo. O alerta instantâneo da mente e o *qi* assumiram o controle. Como minha mente estava repousando com o *qi* no *tantien*, minha energia foi ativada a partir de lá. Na próxima fração de segundo de tempo, encontrei-me suspenso no ar a quase dois metros da Terra. Então, fui girado cento e oitenta graus, com meus braços para o lado e minhas palmas voltadas para frente, pronto para qualquer coisa. Enquanto eu gentilmente caia de volta na Terra, eu vi oito cervos de cauda branca na minha frente; todos haviam saído de mansinho da floresta.

---

4 Há um princípio básico no cultivo de energia que diz que, aonde quer que a mente vá, o *qi* a segue. A energia segue o foco da mente. Portanto, se você direcionar a mente para o *tantien* inferior, o *qi* irá para lá. Se você concentrar a mente no ponto *tantien* superior entre as sobrancelhas, o *qi* vai para lá. Se você concentrar a mente nos pontos Laogong nas palmas das mãos, o *qi* irá para esses pontos. O cultivo de energia enfatiza o acúmulo de energia em primeiro lugar no *tantien* inferior, porque ela pode ser armazenada lá como se fosse uma bateria.

Esses lindos cervos estavam curiosos sobre mim. Eles haviam se movido furtivamente atrás de mim a uma distância de cerca de três a quatro metros e meio. Quando, de repente, meu corpo foi lançado no ar e girei, todos eles pularam, bufaram e apontaram suas caudas brancas, saltando em oito direções. Foi uma visão magnífica. Fiquei em um silêncio pasmo.

Esta história ilustra a rapidez com que o *qi* pode ser ativado, caso tenha sido cultivado de maneira adequada. Como meu encontro com os cervos foi um tanto mágico, ele abriu minha mente para um nível totalmente novo de experiência. Então, entendi quantos dos grandes mestres haviam naturalmente, sem pensar, sido protegidos por seu *qi*. Os cervos não foram apenas atraídos pela prática que eu estava fazendo, mas também podem ter contribuído com um pouco de seu próprio *qi* para minha meditação. Eles saíram dali com tanta magnificência e graça que depois senti uma conexão profunda e poderosa com os cauda-brancas – uma conexão que eu nunca tinha sentido antes. Esses *insights* e experiências, geralmente, surgem de maneiras totalmente espontâneas, naturais e completamente impremeditadas.

A Dádiva do Amor

Você pode oferecer seu amor e apreço de volta à Natureza pelas bênçãos e dádivas energéticas que ela concede a você durante sua prática. Toda vez que você receber uma dádiva de *qi* de uma planta, animal, montanha ou pedra sagrada, certifique-se de retribuir seu amor e gratidão à Mãe Terra. Honre o ser na Natureza que tenha lhe concedido tal bênção. Não mostrar apreciação é ser um tanto parasitário. O ser humano moderno tende a fazer isso de qualquer maneira, por meio de nossa incessante extração de recursos naturais sem qualquer expressão de agradecimento. Quantas vezes oferecemos conscientemente uma expressão genuína de gratidão de nossos corações? Se você retribuir seu amor e gratidão, então você se torna um parceiro. É como retribuir o amor a um amigo íntimo ou amante. Imagine o impacto sobre esses relacionamentos se tudo o que você fizesse fosse tirar deles e nunca expressasse sua gratidão e apreciação. Retribuir amor à Natureza não é diferente de mostrar apreço por um presente recebido da família, dos amigos ou de seu amante. Essa troca recíproca e espontânea é o tipo certo de relacionamento para construir com todas as suas relações na Natureza.

Prática de Cultivo de Energia Universal #1: Série Abraçando a Árvore

Cada jornada começa com um primeiro passo. Um primeiro passo maravilhoso para cultivar a energia universal é uma sequência oriunda dos exercícios chineses de cultivo de energia conhecidos como Qi Gong. Essa progressão particular eu chamo de Série "Abraçando a Árvore". Nele, reuni uma sucessão de Qi Gongs separados em uma sequência unificada de posições. Essa progressão permite que você mantenha todo o ciclo de posturas por muito mais tempo do que se você tentasse manter apenas uma posição sem mudar. Além disso, esta combinação particular de Qi Gongs em pé tem um efeito muito mais benéfico quando feitas em conjunto, do que se você praticasse apenas uma das posições.

Os antigos taoístas passaram anos nas montanhas aperfeiçoando essas práticas de Qi Gong pela observação muito próxima da natureza interna e externa. Por amarem a natureza, eles se conectaram profundamente com árvores, animais e todos os elementos. Eles cultivaram um relacionamento íntimo com madeira, fogo, terra, metal e água. Eu acredito que os Qi Gongs individuais desta série se originaram de momentos de comunhão profunda desses antigos povos com as árvores. Por meio dessa prática, eles descobriram muitos segredos da renovação energética.

Você pode praticar o Qi Gong do abraço da árvore envolvendo os braços em torno de uma árvore real ou simplesmente imaginando uma. Também pode simplesmente optar por praticar na presença de árvores próximas com as quais gostaria de compartilhar. Como há a possibilidade de visualizar a árvore, você pode praticar este Qi Gong onde e quando quiser. No entanto, os melhores resultados são alcançados na Natureza, onde há muito *qi*, especialmente *qi* proveniente de plantas e árvores. Como os antigos taoístas, certifique-se de desenvolver uma boa conexão de coração e cultivar um profundo apreço por qualquer árvore que concorde em compartilhar com você.

Diretrizes de Preparação e Postura

Qi Gong Abraçando a Árvore é uma prática de meditação em pé. Durante ela, você passará por uma série de diferentes posições de braço. Esta prática, assim como todas as aquelas de cultivo de energia, deve ser realizada com sapatos de couro ou com sola de algodão. Se estiver quente o suficiente, simplesmente fique descalço. Como mencionei anteriormente, isso permite uma conexão direta de energia com a Mãe Terra, principalmente através dos pontos renais (K1) em seus pés. As solas de borracha criam uma barreira energética e isolam você, em alguma medida, da energia que a Terra tem a oferecer.

- Para começar, fique com os pés diretamente sob os quadris. Uma linha reta, a partir da articulação do quadril, penetraria no centro do pé.

- Seus joelhos estão ligeiramente relaxados em uma posição destravada.

- Os dedos dos pés estão apontando para a frente ou, no caso das mulheres, podem estar ligeiramente voltados para fora.

- A parte inferior das costas está relaxada. Solte qualquer curvatura excessiva da parte inferior das costas e do cóccix.

- A cintura pélvica fica naturalmente caída e relaxada. Relaxar a região lombar e a pelve pode gerar a sensação de que sua pelve está ligeiramente inclinada para a frente a partir da base. Sinta sua pélvis afundando da parte inferior do abdômen, descendo pelas pernas até a Terra. Você pode conseguir essa sensação liberando qualquer tensão muscular na região abdominal, bem como na região lombar.

- Visualize o fio do seu espírito elevando-se para o Céu a partir do topo da sua cabeça. Em consonância com o sistema de meridianos, a localização real é o Bai Hui ou ponto dos Cem Encontros. À medida que o fio do espírito o eleva para o céu, você também está afundando na Terra com a parte inferior do corpo. Essa combinação das forças simultâneas de levantamento e afundamento também separa as vértebras da sua coluna. Há a sensação de bastante espaço para cada vértebra funcionar. Mais uma vez, levante em direção ao céu e, ao mesmo tempo, permita que o esterno e a parte superior do corpo relaxem e se acomodem ligeiramente para baixo.

- Reveja sua postura sentindo seus pés abraçarem a Terra. Concentre-se no centro avançado da sola de cada pé – esse ponto é chamado de ponto da Fonte Borbulhante ou ponto rim 1. Ele está localizado um pouco atrás do acolchoamento onde o dedão do pé e os outros quatro dedos se encontram no centro do terço frontal de cada pé. Este ponto da Fonte Borbulhante é um local onde você pode fazer uma conexão profunda com a Mãe Terra. Envie seu amor a ela por meio desse ponto de conexão e, em troca, receba sua vitalidade. Este também é o ponto a partir do qual você pode beijar Gaia enquanto caminha. Permita que todo o pé se expanda e abrace a Mãe Terra.

- Alinhe todo o seu corpo. Certifique-se de que sua cabeça e pescoço estejam posicionados com as orelhas diretamente acima dos ombros. Seu queixo está na horizontal com a Terra.

- Essa postura agora permite que a energia circule naturalmente para cima, paralelamente à sua coluna, acima do topo da cabeça, e de volta para baixo pela linha central frontal do seu corpo, que é o padrão de circulação natural da sua energia vital.

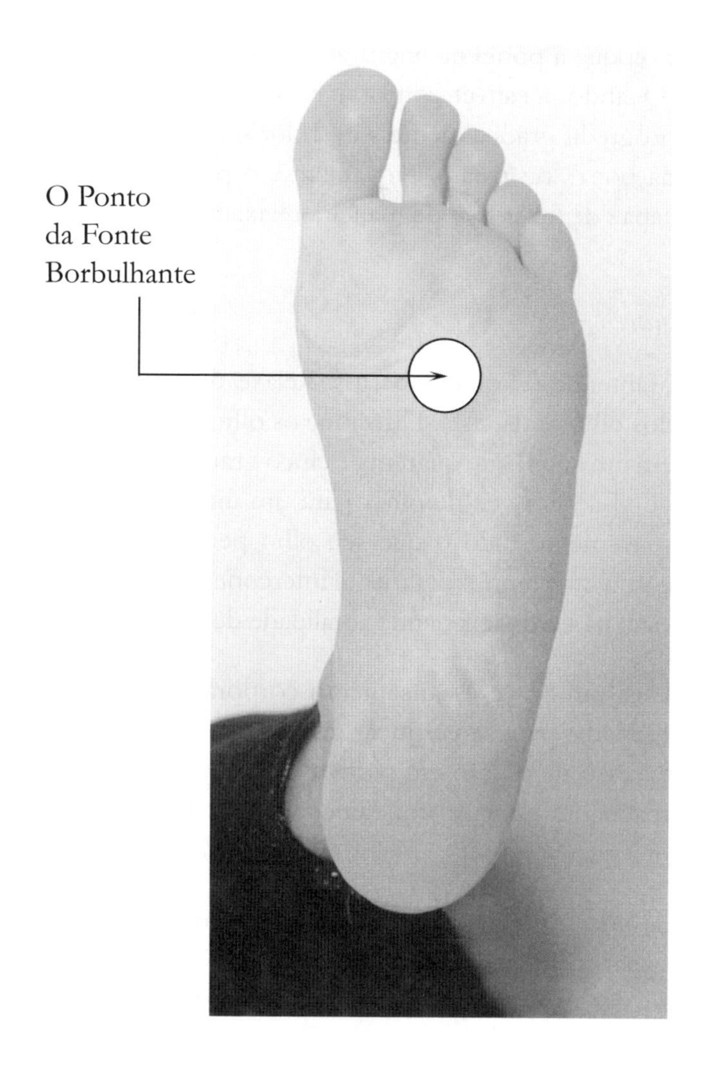

Instruções de Respiração

- Estabeleça uma respiração profunda e natural na parte inferior do abdome, sem tensão no diafragma. Deixe que sua respiração seja suave, fluida, profunda, gentil e delicada. Sua respiração não deve ser forçada de forma alguma. Além disso, sinta as laterais e a parte inferior traseira do tronco se expandindo um pouco com cada inspiração e se retraindo ligeiramente com cada expiração.

- Coloque a ponta da língua atrás dos dentes frontais superiores. (Quando já estiver confortável com essa colocação, você pode progredir gradualmente para colocar a ponta da língua no "céu da boca" ou palato. Novamente, o princípio orientador é ser capaz de fazer isso de maneira relaxada).

Olhar Suave

- Mantenha os olhos abertos. Relaxe qualquer tensão ao redor dos olhos e da testa. Direcione os olhos ligeiramente para baixo em um ângulo de quarenta e cinco graus. Perceba todo o campo de visão em vez de olhar para um único ponto. Quando olha suavemente tudo o que seu olho percebe, você vê o mundo como um campo totalmente interconectado. Ao fazer isso, você está, na verdade, criando totalidade dentro de você.

- Faça um breve escaneamento corporal, com sorriso e energia relaxada, para se certificar de que não está mantendo nenhum excesso de tensão em parte alguma do corpo; certifique-se de realmente estar profundamente relaxado antes de iniciar esta prática.

- Se você tiver alguma sensação de formigamento no corpo ao fazer qualquer um desses Qi Gongs, normalmente é um bom sinal – significa que sua energia vital está começando a fluir.

Posição #1: Abraçando a Árvore

Levante os braços à sua frente em uma forma circular, como se você estivesse segurando uma grande esfera ou abraçando uma bela árvore. Seus braços estão na altura do coração e da glândula timo. Seus polegares e dedos ficam voltados uns para os outros, com 15 a 20 centímetros de distância entre as pontas dos dedos das mãos. Ao estender os braços, relaxe totalmente os ombros. Sinta o peso dos cotovelos. Permita que os cotovelos e braços liberem qualquer tensão com seu peso.

Enquanto os ombros, braços e cotovelos estão relaxados, as mãos e os pulsos são leves e parecem estar flutuando sem esforço. Você sentirá uma conexão energética entre as pontas dos dedos de cada mão ao movê-las para uma posição verdadeiramente conectada.

Postura Abraçando a Árvore

Experimente o Fluxo de *Qi*

Mantenha essa posição por pelo menos cinco minutos. Experimente manter a mão esquerda completamente imóvel; em seguida, mova a mão direita um pouco, como se estivesse fazendo um aceno sutil. Ao balançar a mão direita para frente e para trás sobre os dedos estendidos da mão esquerda, você deverá sentir uma sensação de formigamento. Uma mudança na circulação do *qi* entre o braço esquerdo e o braço direito causa aquele formigamento. O braço esquerdo tende a ser mais receptivo – é o braço *yin*; o braço direito tende a ser mais ativo – é o braço *yang*. Ao acenar com a mão direita, você está brincando com a circulação de sua energia.

Agora, volte à postura original com os braços assumindo uma forma circular, as palmas voltadas para o coração. Se você sentir tensão, ansiedade ou contração, deixe sua consciência mover-se suavemente para essa parte do corpo e libere-a. Deixe a tensão ir. Deixe-a relaxar. Deixe todo o estresse descer pelo seu corpo, até a sola dos pés. Dê esse estresse à Mãe Terra; ela pode absorver e transmutar qualquer tipo de tensão ou negatividade. Ela transforma todas as nossas tensões, lixos tóxicos e resíduos em um belo solo.

Posição #2: Abraçando a Barriga de Buda

Depois de sustentar a Posição #1 por cerca de cinco minutos, abaixe suavemente os braços, ainda mantendo a forma arredondada. Nessa postura, sinta-se como se estivesse segurando uma barriga grande, gigante, do Buda sorridente. Lentamente, abaixe os braços até que o centro de cada palma fique de quinze a vinte centímetros um do outro, com as palmas voltadas para dentro, em direção ao *tantien* inferior. As palmas são consideradas os principais centros de energia, chamados de pontos Laogong (o palácio do trabalho). Sinta a energia universal se acumulando. Sinta uma conexão natural entre o centro das palmas das mãos e o *tantien*.

No início de sua prática, o centro de energia *tantien* será pequeno. No entanto, conforme você continua a cultivar sua energia, o *tantien* se expande e se torna maior. É melhor localizar o *tantien* antes de iniciar o exercício. Isso permitirá que você mova naturalmente seus braços da

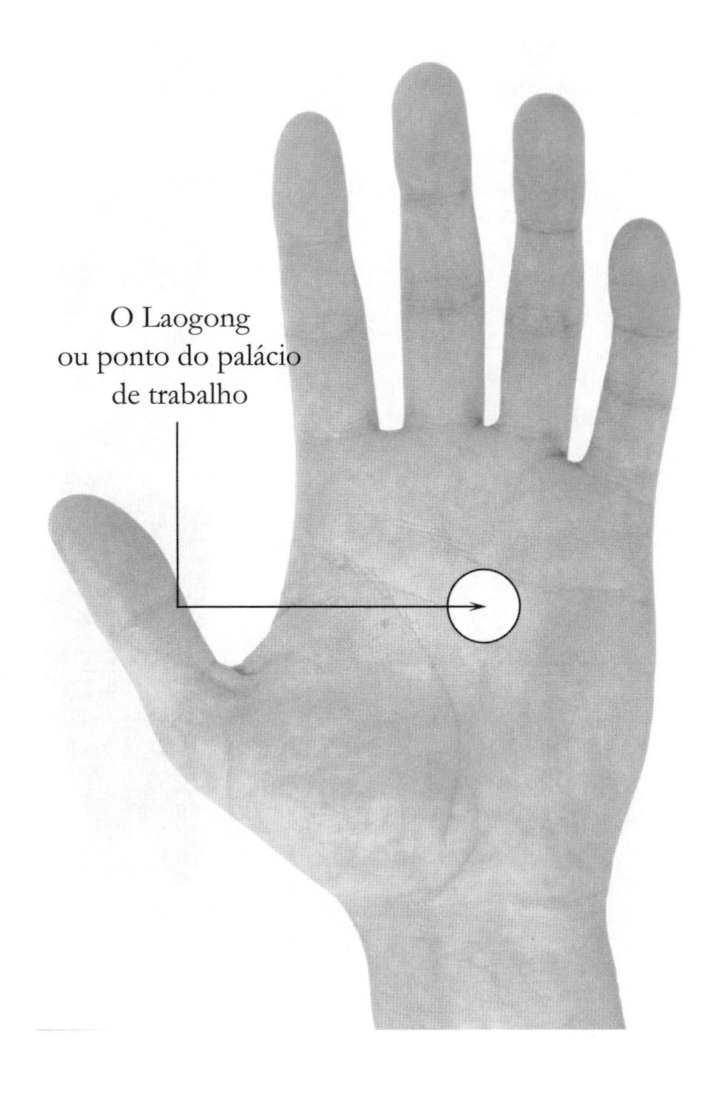

posição de abraçar a árvore para a postura de abraçar a barriga de Buda. Mantenha este Qi Gong por cerca de cinco minutos. Esta é uma postura muito mais fácil de manter do que a posição de abraçar da árvore, então pode ser mais fácil para você relaxar. Se houver alguma tensão que você não conseguiu soltar na primeira postura, você deve conseguir liberá-la nesta. Este Qi Gong permite que você armazene com segurança *qi* adicional em seu *tantien* inferior, especialmente se você descansar sua mente no *tantien* enquanto o cultiva.

Abraçando a postura da barriga de Buda

Posição #3: Polegar para Cima, Acentuar o Positivo

Depois de cinco minutos, deixe os braços se levantarem novamente, de modo que o centro das palmas fique voltado para o coração mais uma vez. Como anteriormente, revisite todos os princípios da postura. Relaxe conscientemente todo o corpo, pernas, pés, cabeça e ombros. Desta vez, levante os polegares para cima de forma que eles apontem para o céu. Pode ser útil imaginar seus polegares como antenas que trazem a energia do cosmos.

Enquanto mantém os polegares para cima, gire as palmas ligeiramente para fora a partir dos dedos indicadores. As pontas dos dedos ainda estão voltadas uma para a outra, a cerca de 15 a 20 centímetros de distância. Este giro mínimo das palmas fará circular a energia em uma órbita ligeiramente superior.

Essa postura ajudará a ativar a circulação de energia desde as partes inferior e média das suas costas, subindo até além da coroa da sua cabeça e descendo de volta pela frente do corpo. Este padrão de circulação de energia é parte do que é chamado de "órbita microcósmica" no sistema taoísta chinês.

Mantenha a Posição #3 por cerca de cinco minutos. Enquanto estiver nesta posição, preste atenção cuidadosamente à circulação de energia entre os dedos. Traga sua consciência para o acúmulo de *qi* no *tantien* e permita-se sentir uma bela conexão com a Mãe Terra através da sola de seus pés. Sinta a maravilhosa conexão com o Pai Celestial através do topo de sua cabeça. Sinta a conexão com todas as plantas e animais ao seu redor. Sinta toda a Natureza se interconectando e trocando energia universal naturalmente com você.

Neste ponto, deixe seus braços caírem e retorne ao abraço da barriga de Buda, Posição #2. Mantenha-a novamente por cerca de cinco minutos. Conforme você se move sistematicamente por cada uma das posições do braço na série de abraçar a árvore, a posição de abraçar a barriga de Buda é usada como uma postura intermediária para ajudar os braços e a parte superior do corpo a relaxar e para armazenar o *qi* acumulado pelos Qi Gongs com o braço levantado.

Posição #4: Abraçando o Céu e Cultivando o Tantien Superior

Depois de manter a posição de abraço na barriga de Buda por cinco minutos, olhe para longe do sol. Levante os braços à sua frente cerca de trinta centímetros acima do nível da cabeça. Relaxe. Mantenha a forma circular dos braços e, novamente, mantenha as pontas dos dedos de 15 a 20 centímetros de distância, relacionando-se com o fluxo de energia entre as mãos. Relaxe os ombros. Relaxe os braços. Vire os pontos Laogong no centro de cada palma em direção a um ponto localizado entre as sobrancelhas – o *tantien* superior. Visualize uma conexão de *qi* entre cada ponto Laogong e seu *tantien* superior.

Se possível, olhe para o céu à sua frente entre as pontas dos dedos; em seguida, sinta o *qi* do céu fluindo de volta para seus olhos, mãos, braços e parte superior do *tantien*. Se olhar para o céu for doloroso para os seus olhos, feche-os ao fazer o *Qi* Gong, mas olhe para cima na direção e adentro do seu *tantien* superior, por trás das pálpebras fechadas. Como antes, sinta o *qi* do céu fluindo em você.

Mais uma vez, na conclusão da posição de abraçar o Céu e cultivar o *tantien* superior, deixe seus braços caírem e retorne ao abraço da barriga de Buda, Posição #2. Sustente-a novamente por cerca de cinco minutos. Deixe os braços e a parte superior do corpo relaxarem e armazene o *qi* acumulado pelo Qi Gong do braço levantado.

Como este cultivo de *tantien* superior pode ter a tendência de lhe deixar se sentindo aéreo, sem uma base estável, é muito importante fazer o Qi Gong de abraçar a barriga do Buda até que se sinta estável novamente. Também é muito útil sentir uma conexão muito profunda com a Terra ao fazer essa prática. Em particular, sinta as suas raízes indo muito profundamente até Gaia subterrânea a partir das suas Fontes Borbulhantes. Sinta o seu próprio *qi* e o *qi* de Gaia se reunindo no seu *tantien* inferior – te aterrando.

Posição #5: Abraçando as Três Esferas

Depois de ter sustentado a posição de abraçar a barriga do Buda por cinco minutos, levante os braços novamente ao nível do coração. Relaxe. Esta será a posição final, chamada de "Abraçando as três esferas". Desta vez, ao levantar os braços, coloque as mãos em uma posição como se você estivesse envolvendo os dedos em torno de uma deliciosa toranja (uma esfera com cerca de dez a quinze centímetros de diâmetro). Mantenha as pontas dos dedos e polegares de cada mão separados cerca de uma polegada (ou 2,5 cm) um do outro. Imagine criar, na altura do coração, uma plataforma nivelada com seus dedos indicadores e polegares que pudesse sustentar um pequeno prato na posição horizontal. Os outros três dedos podem se abrir e envolver a bola imaginária. Mantenha um pouco de tensão nos dedos, imaginando que estão circundando essa esfera imaginária, mas deixe o resto do corpo relaxado.

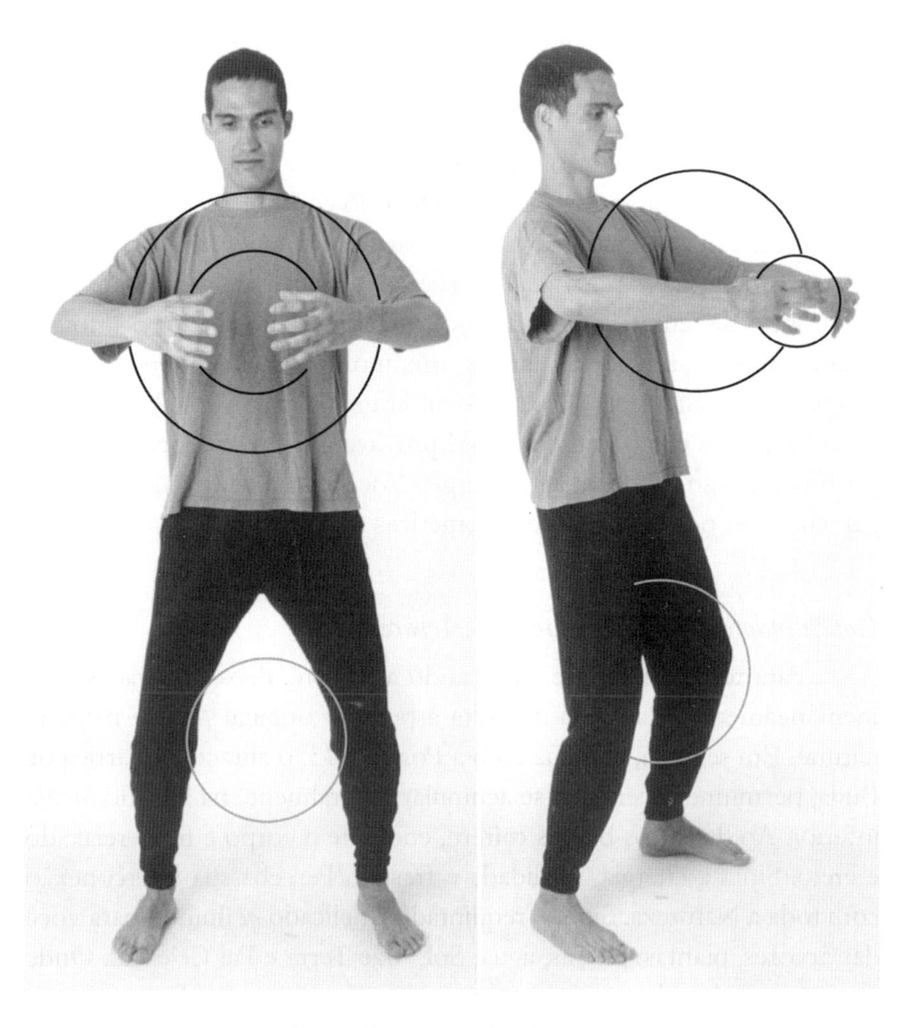

Abraçando a postura das três esferas

Agora, imagine segurar com os seus braços uma segunda esfera, maior, que pressiona seu peito e a parte interna dos braços. Mantenha alguma tensão nos braços enquanto segura a bola para que fique segura. Agora você está segurando duas bolas: uma pequena, com as mãos, e uma maior, com os braços. Deve haver um pouco de tensão consciente em ambas as mãos e braços para segurar essas esferas, mas relaxe tudo o mais não relacionado a segurar as esferas.

Finalmente, adicione a sensação de uma terceira esfera imaginária. Esta, você está segurando entre as coxas, joelhos e a parte inferior das pernas. Aperte esta terceira esfera suavemente entre as coxas.

Coloque sua atenção no *tantien* inferior. Com a sua consciência, traga a conexão com a Mãe Terra e a ligação com o Pai Celestial para o seu *tantien*. Sinta o *qi* externo fluindo para dentro de você, somando-se ao seu estoque de *qi* pós-natal. Se precisar desviar sua atenção para os três pontos de tensão, leve onde você está segurando as esferas, mova-a gentilmente de um ponto para o próximo. Se possível, tente manter um pouco de sua atenção no *tantien* inferior o tempo todo. Mantenha a Posição #4 por cinco minutos. Você provavelmente descobrirá que essa postura efetivamente amplia a energia. Você pode sentir muitos formigamentos ou outras sensações energéticas ao fazer isso.

Concluindo a série "Abraçando a Árvore"

Para terminar a série Abraçando a Árvore, deixe os braços momentaneamente relaxarem de volta à posição original #1, de maneira natural. Em seguida, conclua com a Posição #3, o abraço na barriga de Buda, permitindo à energia se acumular naturalmente na área do *tantien* inferior. Ao deixar os braços caírem, endireite o corpo e fique relaxado e ereto. Sinta a energia, vitalidade e frescor. Perceba sua interconexão com toda a Natureza. Sinta o requintado e delicado *qi* fluindo para você das árvores, plantas, pedras, água, Sol, Mãe Terra e Pai Celestial. Onde quer que você tenha praticado, a energia universal se fundiu com você. Você se sente revigorado e regenerado.

Uma nota especial sobre tensão, dor e duração da prática

Quando você começa a praticar o cultivo de energia, frequentemente acumula muita tensão na parte superior do corpo. Quando criei esta sequência, queria ter certeza de que os praticantes tinham a capacidade de relaxar a parte superior do tronco completamente. Cinco minutos em cada uma dessas posturas está bom o bastante quando você está apenas começando. Conforme sua habilidade se desenvolve, você pode ir cada vez mais longe. Muitos de meus alunos fazem essa prática por até duas horas. No entanto, não recomendo praticar mais do que alguns minutos por vez para alunos iniciantes. Basta começar de um jeito fácil e ser gentil consigo mesmo. Não se force demais nem se sobrecarregue. Utilize apenas setenta por cento do que você sente ser sua capacidade total. Esta instrução é especialmente importante para atletas acostumados a treinos convencionais, nos quais você força seu corpo e condiciona sua mente para romper barreiras físicas e limites. Essa abordagem é contraproducente, até mesmo perigosa, com esses exercícios. Ao fazer a série de abraçar a árvore, se você encontrar qualquer tensão indevida, relaxe. Pare no momento em que notar qualquer dor ou pontada de seu esforço. Relaxe e fique presente.

Uma variação para brincar

Enquanto está fazendo essa série de posições de abraçar das árvores, você pode fazer uma sequência inicial como uma forma de relaxar e se abrir. Em seguida, faça outra sequência para purificar e, em seguida, uma terceira sequência para regenerar e construir um reservatório de *qi* no *tantien* inferior. Algumas pessoas gostam de adicionar uma quarta sequência para enfatizar a circulação adequada do *qi* por todo o seu ser. Quando você começa a praticar essa série, entretanto, uma sequência é suficiente. Lembre-se de não forçar esse processo de cultivo de *qi*.

Se você deseja aprofundar o relaxamento e des-contrair tudo que está segurando, pratique um ou mais dos Qi Gongs do urso por um tempo como sua conclusão. O Qi Gong do urso é uma excelente forma de diminuir a tensão dos músculos e tendões e de ajudar a suavizar o fluxo do *qi* após longas sessões de sustentação do Qi Gong.

O ciclo de práticas de abraçar a árvore é uma maneira simples e poderosa de aprimorar sua vitalidade fundamental. Isso o ajudará a se conectar energeticamente com a Mãe Terra e o Grande Espírito de uma maneira profunda, nutritiva, purificadora e regeneradora. Também o ensinará como relaxar. Qi Gongs são práticas que você pode fazer por toda a vida. Eles lhe trarão benefícios tremendos em todos os níveis.

Para obter os melhores resultados, pratique ao ar livre, na natureza, em um ambiente fresco onde não haja poluição do ar. Além disso, certifique-se de escolher um lugar onde haja o mínimo de poluição psíquica ou emocional. Isso é particularmente importante porque você está absorvendo o *qi* do ambiente. Se fizer essa prática em um lugar lotado, barulhento e poluído, você não absorverá energia vital pura.

Localizando o Ponto Bai Hui

Mantenha a mão esquerda 2,5 a 5 cm acima da cabeça e passe-a para frente e para trás ligeiramente acima da superfície física do topo da metade de trás da sua cabeça. Você pode sentir um ponto de leve formigamento acima do topo da cabeça na palma da mão esquerda. Este ponto está localizado na parte central dianteira da metade posterior da coroa. Para quem é menos sensível à energia, coloque o polegar da mão esquerda entre as sobrancelhas e estenda o dedo médio até o topo da cabeça. Coloque o polegar da mão direita na base do crânio, atrás do lobo occipital do cérebro, onde a coluna vertebral entra no crânio, e igualmente estenda o dedo médio da mão direita em direção ao topo da cabeça. O ponto Bai Hui fica no local onde seus dois dedos se encontram ou bem próximo dele.

Localizando o Tantien inferior

Ao longo dos anos, desenvolvi a seguinte técnica para ajudar as pessoas a localizar seu *tantien* inferior. Você pode encontrar a localização precisa do centro de energia abdominal inferior pegando os três dedos médios de uma das mãos e, em seguida, empilhando os três dedos verticalmente.

Comece colocando o dedo indicador na borda inferior do umbigo. Coloque seu dedo médio abaixo dali, verticalmente. Em seguida, coloque seu quarto dedo, o anelar, abaixo do terceiro. Pressione o ponto em que seu quarto dedo repousa sobre o abdômen e sinta o ponto situado a cerca de um terço do caminho abdômen adentro. Quando você pressiona o abdômen com o quarto dedo, pode sentir um lugar a cerca de um terço do interior do seu corpo. Esta é a localização do *tantien* inferior. Mantenha sua mente aí e lentamente solte os dedos indicador e médio. Quando sua mente estiver estável e centralizada em seu ponto *tantien*, libere lentamente o quarto dedo, mantendo sua mente no *tantien*.

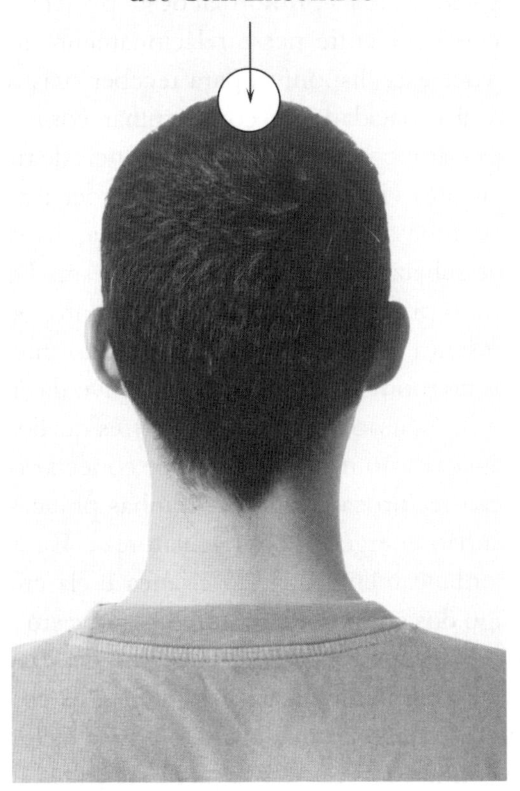

Prática de Cultivo de Energia Universal #2: Respiração Recíproca

Quando você está relaxado e presente com a magnífica essência da Natureza, as plantas, a beleza requintada de rochas e árvores cobertas de líquen e a doçura do ar fresco, você é saturado por dons notáveis. Relembre os momentos em que você recebeu uma infusão de energia de uma flor simplesmente por inalar sua essência aromática. Você pode fazer isso com qualquer ser ou objeto natural. Você pode até mesmo se conectar com o maravilhoso mistério de uma pedra. Simplesmente relaxe, peça permissão e permita-se estar presente e receber a energia universal e a sabedoria armazenadas nela. Para nossos ancestrais nativos americanos, as pedras são os guardiões da sabedoria, seres que preservam parte da sagacidade mais primordial deste planeta.

Quanto mais você entra nesse relacionamento interativo com a Natureza, mais você está disponível para receber suas muitas bênçãos. Você desenvolve a capacidade de compartilhar com o ambiente por meio de seu amor e apreço pela verdadeira essência de tudo o que o cerca. Na verdade, a força vital que flui através de você é a mesma energia viva que perpassa toda a vida. Da mesma forma, a vastidão da consciência Fonte que subjaz a seu próprio ser é a mesma Fonte que subjaz a todo ser. Assim, o primeiro princípio, relaxamento, permite que haja espaço para a presença (o segundo princípio). Relaxamento e presença, quando fundidos no momento, permitem o cultivo da energia universal (terceiro princípio). A fusão dinâmica dessas três qualidades é frequentemente uma pré-condição necessária para se conectar com a Fonte.

A respiração recíproca é uma das minhas práticas favoritas para entrar em comunhão energética com a Natureza. Eu comecei a fazer essa prática espontaneamente quando criança e ela cresceu e evoluiu para mim ao longo dos anos. Pode ser útil saber que em muitas culturas, principalmente na China, respiração é sinônimo de *qi*. A respiração e a força vital são vistas como idênticas. Geralmente, eu descrevo essa prática como respiração energética recíproca, ou troca recíproca de energia, com o *qi* sendo conduzido pela respiração. Este cultivo pode ajudá-lo a experimentar uma conexão profunda. Há uma maneira muito simples de fazê-lo, muito semelhante a como eu fazia quando era criança. Existe também uma abordagem mais sofisticada que desenvolvi há várias décadas. Ambas as práticas têm sido uma fonte de grande alegria e renovação energética para mim. Compartilharei ambos os métodos com você a seguir.

Começando com Árvores

A abordagem mais simples para uma prática de respiração recíproca é ir até um local natural e encontrar uma árvore. Talvez você possa até mesmo experimentar deixar que a árvore exata escolha você. Pergunte qual árvore gostaria de ter comunhão com você. Então ouça verdadeiramente com todo o seu ser. Abra-se para sentir qual gostaria de desenvolver um relacionamento e então honre esse sentimento. Mais tarde, pode-se desenvolver relacionamentos de respiração recíproca com flores, uma pedra ou muitos outros seres na Natureza. Os seres com os quais você pratica não precisam ser orgânicos para serem sencientes. No entanto, eu recomendaria começar com uma árvore por duas razões – as árvores têm uma relação especial com os humanos no cultivo da energia vital e, geralmente, esses seres maravilhosos realmente apreciam nossa comunhão com eles.

Mais tarde, você pode adotar essas mesmas abordagens que utiliza para a respiração recíproca com árvores e aplicá-las a qualquer outro companheiro viajante da Natureza, incluindo seres elementais como pedras, montanhas, riachos, nuvens, Mãe Oceano e o Sol e a Lua.

Depois de localizar uma árvore que gostaria de compartilhar energia com você, siga estas diretrizes básicas:

- Sempre se aproxime de uma árvore respeitando sua experiência de vida. Você deve sentir profunda gratidão e apreço pela troca de ar que você e as árvores fazem um pelo outro. A árvore inspira o dióxido de carbono que você exala, purificando e utilizando esses elementos; então, a árvore expira de volta para você o oxigênio de que você precisa para viver. Nessa troca íntima de fôlego, a árvore está totalmente presente com você.

- Quando você entra na Natureza, antes de começar qualquer prática de troca com qualquer ser da Natureza, é extremamente importante pedir permissão. Quando você perguntar à árvore se ela gostaria de compartilhar com você, esteja preparado para ouvir. Nós, humanos, temos o pressuposto básico de que a Natureza está simplesmente lá, esperando para nos dar o que quisermos. Gaia não funciona assim. Cheque e veja se o ser vivo está disposto a trabalhar com você e sinta intuitivamente se você foi aceito ou não. Às vezes, não é apropriado fazer a prática. Isso pode ser estranho para você no início, porque muitas vezes operamos a partir de nossa crença de que a Natureza está sempre lá para nos dar tudo o que queremos, onde e quando queremos. Nestes tempos difíceis, quando a natureza está sofrendo tantos danos dos humanos, é essencial que todos nós atravessemos essa arrogância egocêntrica que está na raiz de muitos dos nossos danos a Gaia. É especialmente importante perceber isso porque os humanos abusaram da natureza por muito tempo e de muitas maneiras.

Ouvindo com Seu Coração

Quando você entra na Natureza e quer armar uma tenda, precisa pedir permissão aos espíritos e seres do lugar; por exemplo, "Este é o local certo para a tenda ou deveria ser em outro lugar?" Preste atenção em qual realmente é a resposta da Natureza e do Espírito. Ao fazer a pergunta, pergunte de um lugar tranquilo em seu coração e espere pacientemente por uma resposta. Se não for o lugar certo, você, geralmente, sentirá um arrepio ou contração. Se for o local certo, você, geralmente, sentirá calor e uma abertura em seu coração e em sua consciência. Uma espécie de sensação de boas-vindas surge dentro de você.

Funciona da mesma forma com plantas, árvores, flores e pessoas de pedra e com todos os outros seres da Natureza. Quando você vai até eles e quer fazer uma prática, ou apenas ficar perto deles, é muito bom pedir permissão para estar na presença deles e entrar em um relacionamento mais profundo. Às vezes, a resposta à sua solicitação pode ser "não". Há momentos em que você está em casa e desliga o telefone ou não atende a campainha. Você gostaria de ter algum tempo privado. Não é diferente com todos os seus parentes na Natureza, então respeite isso. Tudo isso significa, simplesmente, que você precisa desenvolver alguma sensibilidade.

Quando começar a se tornar sensível dessa forma, você perceberá que é perfeitamente compreensível que exista muita suspeita entre os seres naturais em relação às atividades e motivações dos humanos. Se pedir, de maneira honesta e genuína, permissão para entrar em um relacionamento mais profundo com a Natureza, você ficará surpreso com a quantidade de apreço, alegria e agradecimento que receberá em troca de ser um ser humano cuidadoso.

Tudo que você precisa fazer é se abrir autenticamente para esse tipo de relacionamento. Não entre na Natureza presumindo que você está comandando todas as ações. Não estamos no controle, embora gostemos de pensar que estamos.

Fazendo contato

Uma vez que tenha estabelecido esse novo tipo de relacionamento, você está pronto para começar. Tendo recebido de sua maravilhosa árvore uma resposta, "Sim, eu adoraria entrar nesta prática de cultivo com você", você pode realmente abraçar a árvore.

Há várias maneiras de abraçar a árvore. Você pode colocar as mãos perto da árvore, de frente para ela – você não precisa tocá-la – você pode apenas tocar o campo de energia. Ou, se desejar, você pode se conectar diretamente com a própria árvore física e fazer contato com sua casca. Algumas pessoas gostam de abraçar uma árvore com um abraço completo e outras preferem apenas colocar as palmas das mãos na árvore com o corpo um pouco afastado dela; há ainda as que preferem abraçar a aura energética da árvore. Tudo o que parecer adequado para a árvore e para você está bem.

- Primeiro, relaxe e fique presente. Expire e irradie seu amor e apreciação para a árvore. Admire a sensação de sua casca, a força de seu tronco, seu enraizamento profundo, o aroma de sua seiva. Esclareça e aprimore todas as suas percepções. Utilize cada percepção como uma ponte de comunhão que aprofunda sua apreciação.

- Ao inspirar pela primeira vez, sinta todos os presentes que sua árvore tem para lhe dar energeticamente. Sinta sua energia fluindo através de suas palmas e braços, e também em seu *tantien* inferior (campo do elixir). O poder também flui para o *tantien* médio, que está localizado em seu peito, e flui para o *tantien* superior, que está localizado entre as sobrancelhas em sua testa. Sinta o *qi* oriundo daquela grande árvore se derramando em você.

- Não force sua respiração. Absorva naturalmente tudo o que esse grande ser tem para lhe dar e expire oferecendo-lhe amor e apreço. A respiração é o veículo do *qi*; a força vital e a respiração estão completamente interconectadas e entrelaçadas. Ao fazer essa prática, há uma bela troca recíproca de amor, apreciação e *qi*. Este processo pode purificar, revitalizar e regenerar você em um nível profundo. Uma prática simples como essa pode se tornar profunda.

- Permaneça lá por pelo menos cinco minutos, alternando naturalmente o oferecer e o receber da troca. Fique pelo tempo que você e a árvore permanecerem confortavelmente conectados. Se você receber a sensação de que a árvore está pronta para se desconectar, respeite esse *insight*. Caso contrário, continue o cultivo.
- Quando você e a árvore se sentirem plenos e completos, respire suavemente do seu coração para a árvore o amor e a apreciação que você sente pelas dádivas que ela generosamente lhe deu.
- Quando você encerrar a prática, agradeça à árvore por seu tempo de compartilhamento com você e, gentilmente, desconecte-se.
- Seja gentil e atencioso no início; comece esta prática suavemente. Não a force.

O seu relacionamento com uma árvore pode abri-lo para se relacionar com muitas outras árvores. Esta prática pode expandir seu relacionamento com toda a Terra porque sua árvore está conectada a toda a teia da vida. Como você, no nível mais profundo, a árvore surge e se manifesta naturalmente na consciência da Fonte pura; portanto, sua troca energética pode levá-los a uma união profunda, que lhes permite compartilhar o mistério da própria consciência da Fonte pura. Oferecerei mais *insights* sobre a Fonte em um capítulo posterior.

Respiração recíproca avançada

Se você quiser levar esta prática a outro nível, aqui está uma maneira maravilhosa de aprofundá-la. Você pode escolher trabalhar com uma flor, uma pedra, o Sol, a Lua ou qualquer outro ser da Natureza. No entanto, para essas instruções, continuaremos usando o exemplo de uma árvore.

- Comece, como antes, permitindo-se ser atraído por uma árvore. Peça permissão para trocar energias e abrace-a quando sentir que foi convidado a fazê-lo.

- Primeiro, expire sua apreciação e amor pela árvore, como na prática anterior.
- Em seguida, inspire. Durante a inspiração, visualize o *qi* celestial descendo do céu para as folhas e galhos da árvore. Veja-o fluindo em torrentes das pontas dos galhos para o tronco. Também na inspiração, visualize a doce energia da Mãe Terra fluindo das raízes da árvore para o tronco. A árvore é infundida com energia celestial e terrena, fluindo para ela simultaneamente de cima e de baixo.
- Continuando com a mesma inspiração, sinta o *qi* recém combinado do Céu e da Terra fluindo pelo tronco da árvore para o seu corpo – particularmente para as palmas das mãos, braços e torso. Sinta o fluxo, principalmente onde você está em contato com a árvore. Se você estiver a alguma distância da árvore, sinta o *qi* fluir para todos os seus meridianos de energia, canais, chakras e os três *tantiens*. A energia flui para dentro de você e preenche todo o seu ser. O *qi* do Céu e da Terra se fundem em você.
- Ainda na mesma inspiração, a energia sobe de sua coroa para o céu como um presente oferecido de volta ao Pai Celestial. O *qi* também flui pelas solas dos pés, principalmente pelos pontos da Fonte Borbulhante, para se fundir com a Mãe Terra.
- Descanse por um momento, ou por várias respirações, e então comece o cultivo com a expiração.
- Ao expirar, você criará a mesma visualização que a anterior, com a inspiração, mas na ordem inversa.
- Ao iniciar a inspiração, sinta o *qi* do Céu derramar-se do céu para o alto da sua cabeça, enquanto o *qi* da Terra sobe para os seus pés. Essas energias fundidas fluem para dentro de você, revitalizando e renovando o seu ser. Parte do *qi* continua a fluir através de você para a árvore como um presente de agradecimento do seu coração. Enfatize o fluxo da energia amorosa através das palmas das mãos, do coração e dos três *tantiens*.
- Ainda durante essa mesma expiração, uma parte do *qi* sobe pelo tronco da árvore, atravessa a copa da árvore e atinge o céu; si-

multaneamente, parte do *qi* flui para baixo através das raízes até Mãe Terra.

- Ao completar a fase de expiração, descanse por uma ou duas respirações e, em seguida, continue cultivando diretamente a prática da inspiração, visualizando, como antes, o *qi* do Céu descendo de cima para a copa da árvore e o *qi* da Terra subindo de baixo para cima pelas raízes da árvore. Novamente, continuando com a inspiração, experimente a energia enchendo a árvore, fluindo para dentro de você, revitalizando-o e, em seguida, veja o *qi* restante fluir para o céu a partir de sua coroa e descer para a Mãe Terra através de seus pés, completando sua inspiração.
- Esta conexão energética se torna um presente do seu amor e apreciação, não apenas para a árvore, mas também para o Pai Celestial acima e para Mãe Terra abaixo. Você e a árvore se tornam um veículo unificado para essa oferta.
- Durante a prática, estabeleça esse ritmo de oscilação entre dar e receber, sentindo a troca natural de amor, apreciação e *qi* primordial. Você pode aumentar gradualmente a duração da prática para até quarenta minutos, um período de tempo típico para sessões de meditação.
- Continue cultivando sua comunhão com a árvore por meio desta prática de respiração recíproca, enquanto for confortável para você e para a árvore.
- Quando você terminar qualquer uma das duas práticas de respiração recíproca, agradeça à árvore por seu tempo de compartilhamento com você e se desconecte dela gentilmente. Aterre-se sentindo sua conexão com a Terra através de seus pontos de Fonte Borbulhante e centrando-se por alguns minutos em seu *tantien* inferior para concluir.

Uma Palavra de Cautela

Esse trabalho de energia é poderoso e, às vezes, as pessoas têm uma tendência de ir a extremos. Portanto, acho apropriado inserir uma palavra de cautela. Como essas práticas geram muita bem-aventurança, elas podem se tornar um tanto sedutoras. Logo, à medida que você as cultiva, amplie sua capacidade lentamente. Relaxe e seja gentil consigo mesmo e com todas as suas relações na Natureza. Se você proceder dessa maneira, o processo de cultivo ficará firmemente enraizado em você. Seu relacionamento com todos os seres da Natureza se abrirá de uma maneira surpreendente. Se forçá-lo, você pode assustar, e até prejudicar, exatamente os seres da natureza que deseja honrar.

Prática de Cultivo de Energia Universal #3: a prática de *flashing*

Essa prática, que chamo de *Flashing,* é semelhante à respiração recíproca. Desenvolvi essa prática durante meu tempo no Ártico canadense e na cordilheira Brooks do Alasca, onde eu tinha contato com animais de grande porte quase todos os dias. Isso me permitiu fazer contato profundo com pássaros e animais que estavam a uma certa distância, como ursos pardos, e com os quais um contato muito próximo poderia ter sido desafiador.

Flashing é uma prática de enviar energia gentilmente a um pássaro ou outro animal e, em seguida, permanecer aberto ao que é retornado. Como pássaros e animais frequentemente estão se movendo, *Flashing* é uma prática mais fácil de realizar com eles do que a respiração recíproca, que funciona melhor com seres mais estáveis da Natureza. A prática é extraordinariamente simples.

- Como no caso da respiração recíproca, primeiro peça permissão ao pássaro ou animal para participar deste cultivo. Ouço. Se a resposta for "Não", respeite isso. Se a resposta for "Sim", continue.

- Quando o pássaro ou animal se aproximar, visualize uma luz suave, radiante e dourada emergindo de seu coração. Veja esta luz suave, radiante e dourada abraçando o pássaro ou animal.

- Envolva esse animal compassivamente com *qi* suave e amoroso. Imagine que você o está abraçando com uma energia afetuosa. Permaneça à distância.

- Esteja aberto e aprecie o que quer que seja retornado energética ou totemicamente.

É importante ser gentil ao começar esta prática. A maioria dos pássaros e animais são tão sensíveis que, se você fizer isso com força, será percebido como extremamente agressivo. Por ser tão incomum para um ser humano moderno compartilhar energia dessa forma, você pode assustá-lo sem querer. Por isso, envie seu amor e apreço de uma forma muito suave e gentil.

Você pode se maravilhar com a resposta que receberá ao enviar gentilmente bondade amorosa humana para seus parentes pássaros e animais. Envie essa gentileza suavemente de todo o seu ser e, assim, você tanto enviará como receberá presentes extraordinários.

Prática de Cultivo da Energia Universal #4: Purificação e Renovação dos Cinco Órgãos *Yin*

Há um extenso material relacionado ao sistema chinês de cinco elementos que está além do escopo deste livro. No entanto, é útil ter alguma consciência desse corpo de conhecimento vital. Na visão taoísta clássica, seu corpo, sua energia, suas emoções e até mesmo seus pensamentos estão conectados a esses cinco processos fundamentais.

Na tradição taoísta, é dito que a energia universal é armazenada nos três *tantiens* - o *tantien* inferior, o *tantien* médio (peito) e o *tantien* superior (entre as sobrancelhas na região do terceiro olho). Outras áreas de armazenamento incluem os cinco órgãos yin, a medula óssea e os oito meridianos extraordinários.

O *qi* é armazenado nos cinco órgãos yin do corpo, incluindo o fígado, o coração, o baço, os pulmões e os rins. Cada um desses cinco órgãos está associado a diferentes elementos e processos da Natureza. Eles também têm órgãos yang homólogos; por exemplo, o fígado é um órgão *yin* e sua contraparte, a vesícula biliar, é um órgão yang; para o coração, o intestino delgado; para o baço, o estômago; para os pulmões, o intestino grosso; e para os rins, a bexiga. Juntos, os taoístas consideram esses dez órgãos como os cinco deuses e deusas internos que tornam nosso ser possível. Só por essa razão, os dez deuses e deusas interiores são homenageados diariamente. Lembre-se, entretanto, de que apenas os órgãos yin podem realmente armazenar *qi*.

A essência dessa prática é visualizar as cores dos elementos associados sendo respirados, purificando e então regenerando cada sistema de órgãos. Você pode prosseguir tonalizando cada um dos sons de cura para vibrar o órgão apropriado e aprofundar sua regeneração. A lista a seguir contém os cinco sistemas de órgãos yin e yang e seus elementos (processos) associados – cores e sons de cura.

- O fígado e a vesícula biliar estão conectados ao elemento madeira e ressoam com a cor verde folha. O som de cura é pronunciado "ssshhuuuw".
- O coração e o intestino delgado estão conectados ao elemento fogo e estão associados à cor vermelha ígnea. O som de cura é "hhhawww".
- O baço/pâncreas e o estômago estão ligados ao elemento terra e estão associados a uma cor amarelo-terra ou amarelo-ouro. O som de cura é "whhooo".
- Os pulmões e o intestino grosso estão conectados ao elemento metal e ressoam com uma cor branca ou prata platinada. O som de cura é "seeeaaahh".
- Os rins e a bexiga estão conectados ao elemento água e associados à cor azul muito escuro, índigo ou mesmo ao próprio preto, como um oceano profundo. O som de cura é um "sshhurrreee" nasal.
- Geralmente recomendo terminar qualquer trabalho com essas cores e sons de cura com visualização para o triplo aquecedor, também chamado de triplo queimador[5]. Embora essa função reguladora não seja um órgão na medicina ocidental, ela é tratada como um importante regulador, semelhante a um órgão,

5 Os três aquecedores estão associados ao elemento fogo. Eles incluem os canais yang das mãos à cabeça e daí ao pericárdio. Os três aquecedores se enrolam em uma espiral ao redor do pericárdio. Eles regulam a digestão e harmonização de alimentos e líquidos em todo o corpo.

particularmente das funções do fogo yang. As cores utilizadas são o branco com todas as cores do arco-íris. O som de cura que você emite é "seeeeeeeee".

Como em muitos dos outros cultivos, esta prática pode ser feita em uma postura de meditação sentada, em pé ou deitada. Certifique-se de relaxar, acalmar a mente e as emoções e desenvolver uma mente naturalmente focada. No taoísmo, a prática é chamada de "ciclo de geração", porque cada um dos elementos ajuda a nutrir o próximo elemento na sequência. A madeira, por exemplo, alimenta (ou gera) o fogo naturalmente.

- Começando com o elemento madeira, visualize e inspire uma vibrante cor verde folha no fígado e na vesícula biliar. Sinta-a purificar esses órgãos em sua inspiração. Em seguida, expire, soltando com o ar todas as doenças e bloqueios. Repita nove vezes. As primeiras quatro respirações ajudam na purificação e as últimas cinco respirações enfatizam a regeneração.
- O próximo na sequência é o elemento fogo. Visualize e respire uma cor vermelha ígnea no coração e no intestino delgado. Sinta-a purificar esses órgãos em sua inspiração. Em seguida, expire, soltando com o ar todas as doenças e bloqueios. Repita nove vezes.
- O próximo é o elemento terra. Visualize e respire uma cor amarelo-terra ou amarelo-ouro no baço/pâncreas e no estômago. Sinta-a purificar esses órgãos em sua inspiração. Em seguida, expire, soltando com o ar todas as doenças e bloqueios. Repita nove vezes.
- O elemento seguinte neste ciclo é o metal. Visualize e inspire uma cor branca ou prata platinada nos pulmões e no intestino grosso. Sinta-a purificar esses órgãos em sua inspiração. Em seguida, expire, soltando com o ar todas as doenças e bloqueios. Repita nove vezes.
- O elemento final nesta sequência é o elemento água. Visualize e inspire uma cor azul profundamente escuro, índigo ou mesmo

preta como um oceano profundo nos rins e na bexiga. Sinta-a purificar esses órgãos em sua inspiração. Em seguida, expire, soltando com o ar todas as doenças e bloqueios. Repita nove vezes.

Depois de terminar o trabalho com as cores, você pode repetir as sequências de purificação e renovação para cada órgão/elemento, agora usando seu som único. Descobri que tonalizar esses sons é mais benéfico, mas também é possível fazê-los soar internamente no ouvido da mente. De qualquer maneira, certifique-se de sentir o órgão associado sendo vibrado pelo som. Usando novamente o exemplo do elemento madeira e do fígado e da vesícula biliar, nesse caso você tonaliza nove vezes "ssshhuuuw".

Ao cultivar este processo de cinco elementos, é muito importante que você faça todas as seis práticas em sequência. Fazendo todos os seis cada vez que você pratica o cultivo, você mantém o equilíbrio, a harmonia e a integração em todos os seus sistemas de órgãos e de energia. Se você fizesse apenas uma ou duas dessas práticas de cor e som, isso poderia levar a desequilíbrios em seu sistema.

Seus cinco sistemas de órgãos yin e yang, na verdade, têm associações poderosas com toda a Natureza. Por exemplo, se você está gerando uma forte conexão com uma árvore, então é muito natural poder armazenar essa energia, o elemento madeira, no fígado. Visualizar uma cor verde folha quando estiver cultivando o elemento madeira ajuda a aprofundar tanto a prática quanto a conexão com a árvore.

Outro resultado desta prática dos cinco elementos é o aprofundamento da sua comunhão com todos os processos elementares da Natureza. Lembre-se, entretanto, de evitar acumular uma quantidade excessiva de energia em qualquer um de seus órgãos. Não é uma boa ideia acumular mais *qi* em apenas um órgão. Por esse motivo, recomendo passar por todo o ciclo de geração de todas as seis cores e sons para manter o equilíbrio e a harmonia entre todos os sistemas de órgãos.

Existe outro ciclo que ajuda a reduzir a quantidade de energia em cada um dos elementos e nos cinco sistemas de órgãos yin e yang. Quando você chegar a este nível de refinamento, consulte ou entre em contato com um praticante experiente e conhecedor do processo dos cinco elementos. Esse praticante pode lhe dar conselhos pessoais sobre quais elementos precisam de uma possível redução, aumento ou equilíbrio em seu sistema. Com o tempo, você pode avançar com todas essas práticas, e também com suporte especializado, em níveis cada vez mais profundos de sofisticação e refinamento de seus processos elementares naturais.

Prática de Cultivo de Energia Universal #5: Lavando a Medula

A medula óssea é outra área onde você pode armazenar *qi* da Natureza e do cosmos. Ossos, medula óssea e articulações são, na verdade, alguns dos principais sistemas de armazenamento de energia no corpo humano. Pode ser um pouco incomum para você pensar na medula óssea desempenhando um papel tão vital em seu ser; entretanto, na verdade, a ciência médica ocidental apoia essa visão. Nós sabemos que o sangue em seu corpo é produzido na medula óssea e que, com o envelhecimento, sua medula muda de cor e fica gordurosa, deixando seus ossos quebradiços. No sistema médico chinês, entende-se que o sangue e o *qi* compartilham uma relação íntima. Foi esse entendimento que levou à criação dos exercícios de lavagem da medula. Em nossa cultura, fazemos muito poucas coisas para realmente nutrir a vitalidade da medula óssea; geralmente nem mesmo temos consciência de sua importância para nossa saúde e bem-estar.

O exercício a seguir é um cultivo em duas partes que criei combinando duas práticas diferentes da tradição taoísta. A primeira parte do cultivo é usada para limpar a medula óssea. A segunda parte é para acumular *qi* na medula óssea. Quando feitas em sequência, elas formam uma prática de cura potente para purificar e regenerar todo o seu sistema de energia.

Purificando Energia no Corpo

- Para começar a prática, posicione-se com os pés um pouco mais afastados um do outro do que a largura do quadril. Mesmo com essa postura relativamente ampla, você ainda deve estar confortável. Destrave os joelhos apenas o suficiente para aparecer uma ligeira curvatura. Afunde na Terra através de seus pontos de Fonte Borbulhante. Relaxe a pelve, a lombar e o abdômen. Sinta a conexão com o universo a partir do topo da sua cabeça, através do ponto Bai Hui. Essa conexão levanta a coluna e permite que o corpo assuma uma postura ao mesmo tempo ereta e relaxada. Seus braços estão relaxados e caem diretamente dos ombros confortáveis. Sinta-se profundamente conectado a Gaia por meio de seus pés. Feche os olhos e respire pela barriga.

- Comece o movimento levantando os braços muito gentilmente. Enquanto os braços se erguem ao longo do corpo, as palmas das mãos ficam voltadas para cima. Certifique-se de que os ombros e cotovelos permanecem relaxados. Deixe seus braços continuarem flutuando para cima até formarem um semicírculo acima do topo da cabeça. Pare quando as pontas dos seus dedos estiverem a cerca de 15 a 30 centímetros de distância umas das outras. Estabeleça uma conexão energética entre os pontos Laogong no centro das palmas e o ponto Bai Hui no alto da cabeça.

- Então, de maneira muito suave, muito lenta e muito gentil, passe as mãos para baixo sobre a testa com as palmas voltadas para baixo. Desça as mãos pela linha central frontal do corpo e sinta o *qi*. O *qi* desce para a medula do crânio e continua lavando em sentido descendente a medula de todos os seus ossos, desde o crânio até os ossos dos pés, enquanto suas mãos continuam a cair. Os braços giram naturalmente enquanto caem lentamente. As pontas dos dedos devem estar voltadas umas para as outras, separadas por cinco a dez centímetros, e as palmas das mãos devem continuar voltadas para baixo. As mãos mantêm sua descida ao longo da linha central do corpo, sempre ficando a cerca de cinco a quinze centímetros de distância do tronco e nunca tocando o corpo. Eles caem além da área do terceiro olho, o nariz, a boca, a garganta, o tórax e o timo e, em seguida, a parte média do torso, passando pela parte inferior do abdômen e os genitais. Quando suas mãos alcançam a área genital, elas se separam e as palmas se voltam para cima, enquanto os braços se abrem e sobem novamente em preparação para a próxima passagem.

O exercício de lavagem da medula óssea

Coordenando sua Respiração com sua Mente

- Durante sua primeira exalação bem lenta, coordene o movimento de suas mãos com a intenção de sua mente. Abaixe gradualmente as mãos à medida que move a mente através da medula de todos os seus ossos durante a expiração. Se você não conseguir fazer tudo de uma vez, apenas respire naturalmente enquanto se concentra na ação de limpeza do *qi* que flui torrencialmente pela medula óssea ao expirar. O objetivo principal é sentir o *qi* entrando no topo da cabeça e descendo por toda a estrutura do esqueleto. Todos os obscurecimentos, impurezas, toxinas e bloqueios são completamente limpos e purificados. Esse processo remove qualquer energia presa ou estagnada na sua medula óssea.

Repetindo o Fluxo: Concentrando-se em Estruturas Ósseas Específicas

Em resumo, esse estágio purifica todos os ossos e a medula óssea do corpo. Em cada repetição do movimento, várias partes do corpo são enfatizadas com uma visualização de acompanhamento. A visualização é do *qi* do Céu vindo de cima enquanto os braços se erguem. À medida que as palmas se movem para baixo, visualize o *qi* purificando e rejuvenescendo os ossos, as articulações e a medula óssea. Quando o *qi* finalmente sair do corpo, visualize-o como energia de luz líquida saindo de seus pés. Todas as toxinas e negatividades são liberadas e transmutadas em fertilizantes para Gaia.

A prática é apresentada com mais detalhes mais adiante, mas, por enquanto, aqui está um breve exemplo:

- Primeiro, conforme suas mãos descem do topo de sua cabeça até o crânio, veja com os olhos de sua mente o *qi* do Céu purificando a medula óssea do crânio, enquanto as palmas de suas mãos se movem para baixo na frente de sua cabeça. Em seguida, visualize o *qi* do Céu continuando a descer, purificando as vértebras do pescoço.

- A sequência continua através dos ossos, articulações e medula óssea das seguintes áreas:

    - Ombros e escápulas.

    - Braços.

    - Mãos.

    - Dedos.

    - Caixa torácica (frente e trás), costelas e esterno.

- Várias passagens por toda a coluna vertebral, desde o crânio até o cóccix.
- Cintura pélvica (pelve, cóccix, sacro).
- Coxas.
- Joelhos.
- Parte inferior das pernas.
- Tornozelos.
- Pés.
- Dedos do pé.

- Quando as mãos completarem sua descida, visualize o *qi* do Céu fluindo dos pontos K1 e das solas dos pés como pura energia de luz líquida. Veja esta energia levando embora todas as formas de negatividade, bloqueios, tensões e toxinas – deixando para trás apenas *qi* fresco e ossos revitalizados.

Repetindo o Fluxo: Invocando Energias Cósmicas e Terrenas Adicionais

Comece outra passagem, ainda mais detalhada. Desta vez, junto com o *qi* do Céu descendo para a sua coroa, você também pode sentir sua coroa absorvendo muitas fontes específicas adicionais de energia universal. Identifique e conecte-se com tantas dessas energias cósmicas e terrenas específicas quanto você se sentir confortável. Visualizar essas energias com mais detalhes permite que formas muito mais específicas de *qi* sejam adicionadas à prática de lavagem da medula.

Algumas dessas fontes adicionais de energia incluem as energias coloridas do arco-íris que vêm de nosso Sistema Solar, a luz vermelha que vem do sistema estelar Ursa Maior, a energia violeta da Estrela do Norte, a força dourada fluindo de nossa casa Via Láctea, e outras oriundas de reinos ainda mais distantes do universo. Todas essas energias se juntam ao *qi* do Céu fluindo para a coroa de sua cabeça.

Se desejar, você também pode sentir todos os poros do seu corpo absorvendo *qi* fresco de plantas, pedras, da Mãe Terra, do ar, das águas da Terra e dos raios do Sol.

- Deixe suas mãos flutuarem para cima a partir de sua lateral e acima de sua cabeça, e nesse momento sinta todo o belo *qi* curador entrando pela coroa de sua cabeça enquanto você começa a mover as mãos para baixo na frente de seu corpo, na frente de sua cabeça e na frente de seu tronco. Mantenha a posição das mãos com os dedos apontando uns para os outros enquanto as mãos se movem para baixo, muito lentamente, de maneira totalmente relaxada.

- Sinta o *qi* curador entrar no topo da cabeça. Nesse momento, ele purifica a medula óssea do crânio, todas as estruturas do crânio, a medula da mandíbula e os dentes. Ele desce para o pescoço e através da medula do pescoço, e então lava a medula dos ossos dos ombros esquerdo e direito. Isso completa a primeira passagem.

- Deixe os braços se levantarem novamente e comece uma segunda passagem. À medida que os braços e as mãos se levantam, reúna o *qi* de todas as fontes. Quando as mãos estão acima do topo da cabeça, as pontas dos dedos devem estar voltadas umas para as outras, com uma distância de quinze a trinta centímetros. Estabeleça uma conexão energética entre os pontos Laogong no centro de suas palmas com o ponto Bai Hui na coroa de sua cabeça. Sinta o *qi* novamente pronto para descer.

- Neste momento, sinta o *qi* descendo e lavando os ossos e a medula óssea da parte superior de seus braços, cotovelos e antebraços e, então, descendo pelos ossos e medula de suas mãos e dedos.

- Mais uma vez, seus braços flutuam sobre o topo de sua cabeça e fazem outra passagem. Você sente o *qi* se movendo através da escápula, da caixa torácica da parte frontal do corpo, todas as costelas, o esterno, a escápula das costas, a parte superior das costas, todos os ossos associados às costelas e com a parte de trás do corpo, e através da medula óssea das partes frontal e posterior da caixa torácica. Concentre-se em purificar e limpar gentilmente a medula óssea ao mover as mãos para baixo.

- Mais uma vez, deixe suas mãos flutuarem para cima. Desta vez, quando suas mãos se conectarem ao ponto Bai Hui, você purificará a medula óssea de toda a coluna. Sinta o *qi* descendo pelo topo da cabeça e pela estrutura óssea central do crânio e lavando as vértebras onde elas encontram o crânio. Conforme as mãos se movem para baixo, sua expiração e sua intenção guiam o *qi* purificador para uma penetração profunda em todos os ossos de toda a estrutura da coluna vertebral. Muito lentamente e muito poderosamente, a energia viaja desde as vértebras superiores, descendo através da região média das costas e da região lombar. Finalmente, o *qi* purificador se move através do centro do próprio cóccix.
- Suas mãos e braços flutuam para cima mais uma vez, acima do ponto Bai Hui, acima da coroa. Nesse momento, sinta suas mãos descendo pela frente do corpo enquanto o *qi* lava toda a cintura pélvica. Purifique completamente a pelve. Depois de sentir que a purificação está completa, sinta e visualize o *qi* descendo pela medula dos fêmures. A medula dos fêmures produz a maioria de seus novos glóbulos vermelhos, portanto, envie sua apreciação e gratidão junto com esse passe purificador. Ao completar esse ciclo, deixe seus braços descansarem ao lado do corpo. Relaxe todo o corpo com algumas respirações lentas e profundas em sua barriga. Esteja atento para não forçar esta prática. Relaxe e aproveite todas as sensações maravilhosas.
- Agora, trabalhando com a parte inferior das pernas, deixe os braços flutuarem para fora e para cima a partir das laterais do corpo. Com clara intenção, as palmas das mãos afundam enquanto você sente o fluxo de *qi* descendo pelos joelhos, purificando a medula de todos os ossos do joelho; continue descendo pela parte inferior das pernas, então penetrando na parte inferior das pernas; para baixo, através dos ossos dos tornozelos; se espalhando pelos ossos dos pés; e por todo o caminho até os ossos dos dedos dos pés.

- Mais uma vez, seus braços se abrem e se erguem para um último ciclo de purificação, que irá lavar e renovar toda a sua estrutura esquelética. Suas mãos flutuam acima do topo da cabeça. Em uma passagem, faça uma limpeza e purificação final de todo o seu sistema de medula óssea. Desta vez, mova os braços para baixo muito lentamente, reduzindo o ritmo de descida pela metade. Eles se movem para baixo na frente de sua cabeça enquanto você sente os ossos do crânio serem, mais uma vez, totalmente purificados. Continue lavando o pescoço; mais abaixo, os ombros esquerdo e direito; depois, toda a caixa torácica; e, finalmente, os braços, mãos e dedos esquerdo e direito. Traga sua consciência para a coluna vertebral e mova lentamente o *qi* por ela, do pescoço à pélvis. A purificação continua nos fêmures, joelhos, parte inferior das pernas, tornozelos, ossos dos pés e dedos dos pés. Suas mãos agora estão descansando ao lado do corpo.

Essa sequência conclui a primeira parte da prática. Sua mente e suas mãos ajudaram a guiar o fluxo de *qi* do topo da cabeça aos dedos dos pés.

Prática de Cultivo de Energia Universal #6: Acumulando *Qi* na sua Medula Óssea

Depois de completar a prática de lavagem e limpeza da medula óssea, você agora vai respirar em seus ossos o *qi* oriundo de todas as plantas, animais, montanhas, oceanos, estrelas, o Sol, a Lua e outros seres da Natureza. Essa prática pode ajudá-lo a experimentar uma comunhão profunda com o ambiente natural lindo, fresco, aberto e vasto que o cerca.

Tal como acontece com a respiração recíproca, certifique-se de pedir permissão para cultivar dessa maneira e irradiar apreciação e amor para todos os aspectos da Natureza envolvidos.

- Traga os pés um pouco mais próximos um do outro, de modo que você fique com os pés na largura do quadril. Deixe os braços repousarem ao longo do corpo, com os antebraços ligeiramente inclinados à sua frente e as palmas das mãos voltadas para baixo. Os braços são naturalmente suspensos e caem direto dos ombros. Seus joelhos estão destravados e ligeiramente dobrados e você sente que seus pés estão profundamente conectados à Mãe Terra. A coroa de sua cabeça se ergue em direção ao Céu e você a sente conectada a ele.

- Sinta as energias naturais que todos os seres da Natureza gostariam de lhe dar e compartilhar com você. Essas dádivas da natureza vão ajudá-lo a ser um membro harmonioso e integrado de toda a comunidade da vida com a qual compartilhamos este grande planeta.
- A cada entrada de ar, visualize milhões de minúsculos filamentos de energia com as cores do arco-íris fluindo de toda a Natureza, penetrando na sua medula óssea pelos poros da pele. A cada saída de ar, visualize essa energia se consolidando e se coagulando no centro da medula óssea.
- Inspire o *qi* universal e sinta essa energia linda, fresca e doce enchendo toda a medula óssea. Há, literalmente, milhões de minúsculos filamentos conectados com diferentes seres da Natureza - com as árvores, as plantas, os animais, as pedras e Pessoas de Pedra, as montanhas, os lagos, os riachos, as lagoas, os oceanos e todos os vastos corpos do cosmos. Você está totalmente conectado por esses filamentos de luz de arco-íris a todos os diferentes seres da Natureza e do cosmos; você está em comunhão com todas as suas relações na Natureza e no universo. Sinta o *qi* combinado se unificar em um grande fluxo torrencial de energia vital no núcleo dos ossos do seu crânio. Ao expirar, experimente o *qi* se solidificando, acumulando e integrando-se completamente aos ossos do crânio. Em seguida, gere a intenção de armazenar o *qi* na medula. A medula óssea do crânio torna-se um depósito de energia vital e regeneração. Repita por um total de nove respirações.
- Inspire e sinta a energia vital fluindo naturalmente para os ossos do pescoço e dos ombros. Em seguida, ao expirar, experimente

esse *qi* se solidificando, acumulando e integrando-se em todos os ossos do pescoço e ombros. Visualize-se armazenando o *qi* na medula para obter vitalidade e regeneração. Repita por um total de nove respirações.

- Respire nos ossos dos braços, mãos e dedos com *qi* vital. Ao expirar, experimente o *qi* se concentrando em todos os ossos dos braços, mãos e dedos. Em seguida, sinta o *qi* sendo armazenado na medula. Repita por um total de nove respirações.
- Inspire e direcione o *qi* para os ossos da caixa torácica, costelas e esterno. Ao expirar, concentre e armazene o *qi* na medula de toda a sua caixa torácica e no esterno. Repita por um total de nove respirações.
- Inspire aquele doce *qi* da Mãe Terra e do Pai Celestial nos ossos de toda a coluna vertebral, desde o pescoço até o cóccix. Sinta sua medula óssea sendo completamente regenerada. Na expiração, sinta que ele se concentra e aumenta sua potência na coluna. Experimente *qi* adicional sendo armazenado lá para ajudá-lo no futuro. Repita a respiração de energia na coluna vertebral por um total de nove respirações, inspirando e reunindo este *qi* maravilhoso, expirando e armazenando-o em todas as vértebras.
- Complete esse mesmo processo para o resto dos sistemas ósseos do corpo: cintura pélvica, coxas, joelhos, parte inferior das pernas, tornozelos, pés e tronco.

Conforme você se torna mais e mais proficiente com esta prática, sinta a energia da Lua, do Sol, dos planetas e de todo o nosso Sistema Solar, das estrelas, da Ursa Maior e da Estrela do Norte, e de toda a Galáxia Via Láctea sendo soprada em você. Em última instância, você pode convidar o *qi* de todo o cosmos para participar.

Lembre-se de que é a sua mente que mobiliza e move o *qi*. Mesmo se você não puder sentir a energia, simplesmente por mover a sua mente o *qi* irá segui-la. Isso acontece quer você sinta ou não, porque a mente, a respiração e o *qi* estão ligados.

- Para completar a prática; irradie amor de volta para todos os seres maravilhosos da Natureza – todos os seres da Mãe Terra e além – para toda a Criação. Certifique-se de incluir todos os aspectos celestiais do Pai Celestial e os planetas e estrelas e o Sol e a Lua.
- Sinta seu coração irradiando de volta um amor profundo e uma apreciação profunda por todas essas dádivas que você recebeu. Irradie amor. Sinta o sentimento e a qualidade do amor que ajuda a regenerar, curar e reparar quaisquer problemas que suas relações estejam tendo em qualquer parte do cosmos. Envie alegria e resolução bem-aventurada para as circunstâncias difíceis que estão afligindo qualquer ser. Expire seu amor regenerador e apreciação. Expire este amor de seu coração por três a cinco minutos e relaxe em um sentimento de profundo amor e apreciação por toda a Natureza, o Grande Espírito e a Criação. Nesses tempos de enorme abuso ambiental contra Gaia, recomendo irradiar um pouco mais de amor sincero pela Mãe Terra.
- Continue até sentir completa interconexão e comunhão com todos aqueles seres que compartilharam com você esta profunda prática energética.

Com essa prática, perceba que seu coração começou a se abrir com um esplendor lindo e natural. Conforme você avança no dia, esteja ciente de descansar neste esplendor natural de um coração maravilhosamente aberto, atencioso, generoso e incondicionalmente amoroso. Você está pleno, repleto de um sentimento penetrante de profunda apreciação.

Abrindo o Coração

Olhar para o coração em busca do que é verdadeiro pode ser a coisa mais honesta que fazemos como seres humanos. Como, então, você acessa o seu coração?

Quando você começa a se conectar com a Natureza, está preparando o solo para a união sagrada. Com a sua exploração da fusão natural de relaxamento e presença, abre-se um fluxo espontâneo de energia vital universal que o envolve e pulsa por meio de você. Quando você se rende a este poderoso fluxo de energia da força vital, você pode experimentá-lo como uma alegria de coração aberto – até mesmo como bem-aventurança.

À medida que você se envolve ativamente com esses ensinamentos e princípios de sabedoria essencializados para o despertar espiritual com a natureza selvagem, você começa a soltar os pensamentos analíticos, as emoções inquietantes e as preocupações com o tempo. Quando a energia universal permeia cada célula do seu corpo, uma coisa linda e encantadora acontece: seu coração se abre naturalmente em um estado de amor incondicional. Essa experiência bem-aventurada de amor incondicional flui unicamente da confiança na união de relaxamento, presença e no fluxo da força vital, *qi*. Cultivar *qi* por meio do Qi Gong e das práticas xamânicas dissolve bloqueios e gera a felicidade natural de simplesmente estar vivo e consciente.

No nível do puro Ser, toda a vida compartilha um estado irrestrito de alegria e felicidade. Árvores, flores, pássaros e animais, todas as formas que constituem Gaia, estão interminavelmente unidos em uma dança de fluxo livre de Criação entrelaçada. Uma vez que você se abre e se entrega a esta dança, fundindo-se graciosamente em união com Gaia, você começa a ver a alegria do seu próprio coração espelhada em todas as formas de vida. Liberte-se da necessidade de rotular as coisas na Natureza. Reconheça que você e todas as outras formas encontradas em Gaia são expressões continuamente mutantes do Grande Mistério além de todas as noções fixas. Prepare-se para encontrar a maravilha do inominável e tocar a vastidão que contém o cosmos.

A Natureza é verdadeira, direta, amorosa e fundamentalmente solidária – mesmo na morte. Quando você está na Natureza, é crucial que seu estado seja aberto e receptivo. Comece relaxando conscientemente as contrações, aprofundando-se no desapego e na confiança. Entregue-se completamente à Natureza, ao momento e lugar precisos onde você está. Em certo ponto, você começará a se sentir alegre e preenchido por uma radiância natural. Confie na essência natural do seu coração e entregue-se a esse brilho amoroso. Seu coração se abrirá se você o permitir. Deixe que esse estado de amor incondicional apareça de maneira relaxada – uma dádiva da natureza interna em união com a natureza externa. Descanse no brilho natural do coração aberto. A capacidade de abrir nosso coração de forma ao mesmo tempo ativa e receptiva é muito importante para nossa cultura e para o mundo neste momento.

É um prazer poder compartilhar a radiância do coração aberto e bem-aventurado e perceber que a felicidade básica não depende de nenhuma condição artificial em específico. A bem-aventurança é um estado aberto e espontâneo que surge naturalmente. Esse surgimento ocorre quando você se entrega completamente à energia universal com o coração aberto. A experiência da energia universal se manifesta em sua consciência como uma bem-aventurança extraordinária. Mas ela não é o fim do caminho. Nos capítulos subsequentes, você explorará os meios de ir além do estado de bem-aventurança provocado por seu coração aberto e radiante.

Abrindo o Canal Central

Gostaria de compartilhar uma experiência que tive na década de 1970, quando fazia práticas ligadas à abertura do coração e ao cultivo da energia universal. Desde a década de 1950, eu vinha cultivando várias práticas de meditação budista e do Qi Gong para armazenar *qi* em meu *tantien* inferior. Pratiquei essas meditações de consciência e energia por muitas horas todos os dias durante décadas. Além disso, no início da década de 1970, comecei uma imersão profunda no T'ai Chi Ch'uan. Ao mesmo tempo, fui iniciado no Siddha Yoga com Swami Muktananda. Durante o mesmo período da década de 1970, eu também passava grande parte de cada ano com meu professor hindu, Vasudev, em um profundo engajamento na cultura tântrica hindu no norte da Índia e no Himalaia. Meus estudos com ele se concentraram em abrir uma profunda comunhão com o feminino Divino, particularmente nas formas de Bagalama, Kali e Durga.

Depois de todos esses anos e décadas de cultivo multifacetado, eu comecei a sentir uma sensação estranha no baixo-ventre. No início, pensei que pudesse ter tido uma gastroenterite ou algo parecido. Essas sensações dolorosas perduraram algumas semanas.

Certa manhã, as sensações em meu *tantien* transformaram-se de dor em uma sensação de algo como mel líquido quente. Essa sensação quente começou a borbulhar internamente. Parecia que estava fumegando pelo centro do meu corpo. Essa incrível sensação fumegante continuou, incessantemente subindo pelo centro do meu corpo, elevando-se internamente cada vez mais por um período de cerca de uma semana. Finalmente, ela entrou na coroa da minha cabeça.

Quando atingiu minha cabeça, eu senti como se toda a minha coroa tivesse se aberto para o céu e entrei em um estado de extraordinária e profunda bem-aventurança. Eu experimentei o meu chacra coronário e meu coração se liberarem de uma forma poderosa. A experiência foi tão forte que não tive qualquer controle sobre ela. Entrei em um estado de bem-aventurança que durou cerca de nove meses, sem interrupção. No processo dessa abertura, eu gradualmente reaprendi como funcionar com minha mente racional novamente. Demorou algum tempo porque eu estava em um estado de êxtase e bem-aventurança. Felizmente, esse estado continua acessível sempre que minha mente errante percebe sua verdadeira natureza e repousa na consciência primordial.

Mais tarde, descobri que essa era uma experiência bastante clássica de uma abertura poderosa do canal central ou Kundalini. Esse tipo de evento geralmente leva a uma abertura intensa dos chakras do coração e da coroa para o amor incondicional e a consciência pura. O que foi surpreendente para mim foi o quão repentina e espontaneamente ele aconteceu quando o momento estava amadurecido. Embora eu viesse fazendo algumas práticas avançadas de meditação e ioga, acredito que a causa real de minha abertura foi basicamente descomplicada. Eu estava simplesmente seguindo os três primeiros princípios sobre os quais já falamos – relaxamento, presença e cultivo de energia universal. Como tal, a união deles em mim também foi minha iniciação no que agora se tornaram os doze princípios da libertação natural.

Muitos mestres que desenvolveram a capacidade de abrir o canal central ou Kundalini shakti à vontade, são capazes de entrar e permanecer em estados associados de profunda bem-aventurança por longos períodos de tempo. Esse tipo de abertura pode acontecer de forma bastante inesperada no caminho para um crescimento espiritual profundo. É um sinal maravilhoso. No entanto, não é uma fase em que você queira se solidificar. Isso pode se tornar um poderoso apego à plenitude que, na verdade, bloqueia o desenvolvimento espiritual posterior. Ainda assim, se a pessoa puder cortar qualquer apego ao êxtase, tal nascimento de bem-aventurança é uma tremenda bênção do Grande Espírito, da Mãe Terra e da Fonte que dá nascimento a todos nós.

Bênçãos de Baleia

Quando penso em descansar no esplendor do coração aberto, sempre me lembro de uma experiência que tive na década de 1980 em nosso acampamento *Sacred Passage* no sul da Baja Califórnia. Eu estava lá durante o tempo em que as baleias cinzentas estavam migrando do norte do Pacífico para as áreas de procriação e parto da Baja.

Na área onde moro, o Pacífico desce de forma abrupta até o fundo do oceano. Esta área também é a extensão mais meridional do Deserto de Sonora, então o ar é prístino e limpo. Perto dali, há uma cordilheira desértica que vai do interior até a costa. A área tem a qualidade única de reunir montanhas, deserto e oceano em um só lugar. A umidade é tão baixa que o ar tem uma clareza incrível. Pode-se olhar para a vastidão do oceano para ver a sutil curvatura do horizonte da Terra.

Uma das melhores coisas sobre essa área é que as baleias cinzentas chegam e brincam no mar perto da costa. Baleias azuis, cachalote e jubarte, bem como orcas, também visitam essa área. Todas elas podem chegar perto da costa porque a terra subaquática descende abruptamente para as profundezas do oceano. Essa inclinação acentuada da costa submarina cria ondas enormes e poderosas. Conforme as ondas batem na costa, você pode sentir as reverberações estando até uma milha no interior. Além disso, esta área ainda possui grandes extensões de costa selvagem e não desenvolvida, o que é um tanto extraordinário.

Quando as pessoas fazem os retiros de *Sacred Passage* em Baja, podem sentar-se em uma enseada para uma semana de solitude e ver as baleias chegando a até menos de cinquenta metros delas. Eles não precisam entrar em um barco e persegui-las, como fazem a maioria dos passeios de baleias. A pessoa simplesmente entra em um estado meditativo profundo e as baleias vêm. Elas sentem quando as pessoas estão em profunda comunhão.

Não acredito que os humanos possam realmente compreender a consciência das baleias. Comparados às pessoas, elas têm cérebros enormes; além disso, o segmento do cérebro que geralmente associamos com inteligência elevada e comunicação é bastante grande em comparação com o nosso. Elas quase certamente desenvolveram habilidades de percepção e consciência sobre as quais podemos apenas especular. De meus muitos anos em estreita proximidade com as cinzentas, tenho uma sensação pessoal de que seu estado de consciência abrange um nível galáctico de ser. Em contraste, a consciência humana, mesmo se em alguma medida evoluída, é planetária na melhor das hipóteses e normalmente é limitada ao próprio ego, sua família e sua comunidade humana mais imediatos. Se minhas intuições sobre isso estiverem corretas, temos muito a aprender com nossos irmãos e irmãs cetáceos.

Nesta costa, há cerca de dez anos, tive uma experiência incrível de abrir o coração. Eu estava caminhando por essas vastas praias de areia branca, vazias de pessoas, e encontrei um bom local para sentar perto do declive íngreme da praia. Eu construí um assento de meditação na areia e cruzei as pernas, de frente para o oceano. Posicionei-me de forma a ficar ligeiramente acima do ponto mais alto de quebra das ondas. Era fim da tarde. A esfera laranja do Sol estava começando a se pôr no mar. Eu ainda tinha uma ou duas horas antes do pôr do sol.

Eu entrei na meditação com uma prática simples de colocar a mente na respiração. Depois de um curto período, comecei a mergulhar em uma experiência de abrir o coração completamente espontânea e sem esforço. Eu não tinha nenhuma intenção de criar uma experiência poderosa, mas me vi quase explodindo de bem-aventurança. Foi uma das experiências mais poderosas de bem-aventurança extática absolutamente radiante que já tive, equivalente à abertura do meu canal central. Comecei a me dissolver em êxtase e alegria. O deleite foi tão intenso que finalmente, quase como um bêbado, abri um pouco os olhos e olhei para o mar.

Quando ergui os olhos, vi sete baleias bem à minha frente, a cerca de quase cinquenta metros de distância. Havia quatro adultas e três jovens. Elas estavam descansando no oceano, perfeitamente imóveis, mas todas as sete tinham suas cabeças erguidas para fora da água. Todas estavam com a cabeça virada de modo tal que cada baleia tivesse um olho voltado para mim. Elas estavam perfeitamente paradas, totalmente tranquilas na água, com a parte inferior de seus corpos afundando direto no mar, com o terço superior acima da água, apenas repousando lá.

Eu podia literalmente ver as ondas de radiância vindo delas e, é claro, podia me sentir recebendo-as internamente enquanto entrava nesse estado compartilhado de êxtase e tremenda abertura do coração. Com os olhos bem abertos, apenas descansei naquele estado de completa imersão e união no esplendor do coração aberto.

Na verdade, eles estavam compartilhando algo que foi uma grande bênção e foi uma das transmissões mais poderosas que já recebi. Uma das únicas experiências equivalentes que tive foi quando estava recebendo ensinamentos de meu professor Dilgo Khyentse Rinpoche. Com as sete baleias, senti a mesma abertura incondicional do coração, a mesma bem-aventurança extraordinária de radiância pura e amorosa que senti com este grande e realizado mestre tibetano.

Plantas, animais e outros seres da Natureza podem ser professores extraordinários, se você lhes der uma chance. Não caia na armadilha de pensar que sabe o que algo é só porque aprendeu o seu nome. Os nomes não significam nada. Os nomes são um obstáculo à verdade. Se você aprender o nome de uma árvore ou flor, terá a ilusão de pensar que a conhece. Você não sabe nada. É melhor ser honesto sobre isso.

Você é totalmente ignorante. É melhor entrar na Natureza em um estado verdadeiro de completa ignorância e dizer: "Eu não sei nada. Eu sou totalmente ignorante", e estar aberto e pronto para receber. Essa é a melhor atitude a ter.

Tonglen com a Natureza

Há outra história encantadora que eu adoraria compartilhar com você. Essa história também aconteceu em Baja, Califórnia. Um de meus alunos, Tony, foi para um retiro de *Sacred Passage* em uma enseada costeira não muito longe de onde eu havia me conectado com as sete baleias. Enquanto estava sozinho, ele foi caminhar pela praia e encontrou uma foca.

Muito lixo vai para o oceano atualmente. De alguma forma, o pescoço da foca estava preso no anel de plástico de um porta cervejas de seis unidades, feito do mesmo material. Ela estava sendo estrangulada por esse lixo de plástico. Ainda estava viva, mas estava em tremenda sofrimento e dificuldade. Tony se aproximou para ver se poderia fazer algo a respeito, mas a foca se arrastou para longe, ganindo com grande dor e dificuldade. Chorando, ela deslizou de volta para o oceano. É claro que ele sentiu uma enorme compaixão por isso. Ele se lembrou dos ensinamentos que dei sobre Tonglen[6] durante o Treinamento de Conscientização do *Sacred Passage* (você encontrará instruções para Tonglen na seção prática deste capítulo).

Nos seis dias seguintes, durante o restante da sua imersão individual, ele se dedicou à prática de Tonglen. Ele disse que o foco principal de sua prática foi trazer cura e resolução para esta foca e para todas as outras focas e seres que estavam sofrendo com toda a poluição dos oceanos. Esse foi o principal elemento de sua prática.

Quando chegou o último dia para retornar ao acampamento base, ele desmontou sua barraca e se preparou para vir encontrar o resto de nós. Ele percebeu um movimento na praia próxima. Quando olhou,

6 Tonglen: receber o sofrimento dos outros na sua inspiração e enviar felicidade e alívio do sofrimento para eles com a sua expiração.

viu a mesma foca subindo até a praia. Ele pôde ver marcas em volta do pescoço dela, onde antes estava o suporte plástico de cerveja.

A foca subiu na praia e chegou muito perto dele, então ele foi em sua direção. Ele ficou maravilhado porque a foca estava totalmente curada e o suporte de plástico havia sumido completamente. Ficou bastante claro que a foca tinha voltado apenas para dizer olá e agradecê-lo por todas as suas orações e pela prática de Tonglen. Ele ficou incrivelmente comovido. Esse encontro aconteceu dez ou quinze minutos antes de sua partida. Foi a conclusão perfeita para sua imersão de passagem.

Tony carregou essa experiência de volta com ele. Ele carregou essa dádiva em seu coração e depois a compartilhou conosco em nosso pequeno grupo no acampamento base. Agora você recebe o benefício de sua história e sua compaixão. Esse é um exemplo de como, se você realmente aplicar a prática de Tonglen em sua vida cotidiana, fazendo um pouco a cada dia, ela pode ter efeitos de cura profundos de maneiras que você talvez nunca saiba. Definitivamente, terá um grande benefício para muitos seres. Eu o encorajaria a manter esta prática em seu coração e cultivá-la para o benefício de todos os seres.

Prática de Abrir o Coração # 1: Prática de Apreciação

Uma boa maneira de cultivar o brilho ativo do coração aberto é por meio da apreciação intencional. Encontre um lugar na Natureza onde você se sinta completo e centrado. Entre nesse espaço sagrado com a intenção de experimentar toda a vida com reverência e gratidão. Ao notar os inúmeros objetos no ambiente imediato ao seu redor, envie um gentil apreço de seu coração a cada um. Se no começo você se sentir estranho fazendo isso, relaxe e encontre algo que o inspire espontaneamente. Pode ser uma linda flor no formato de uma mandala perfeita ou o canto lancinante de uma magnífica ave de rapina passando acima de sua cabeça. A bela visão de uma nuvem fluindo e rodopiante pode ser apenas o suficiente para tocar seu coração e abrir a reverência natural que você tem por toda a natureza.

Você pode começar apreciando uma árvore. Agradeça à árvore por ser a árvore que ela é e por todas as dádivas que ela lhe deu. Deixe a árvore saber que você aprecia profundamente tudo o que ela fez por você e por seus semelhantes. Você pode fazer isso internamente ou pode dizer em voz alta. É com você. Minha principal recomendação é que você realmente expresse seu apreço de coração. Uma simples oração vinda do coração tem muito mais poder do que a cerimônia mais intrincada realizada sem sentimento verdadeiro. É muito tocante fazer algo assim por um ser que você tradicionalmente pode ter pensado ser inerte e incapaz de ouvir e sentir, muito menos responder.

Quando você entrar na natureza selvagem, recomendo que deixe seu coração lhe dizer para onde ir, onde andar, onde se sentar, onde ficar, onde e até como se sintonizar com sua consciência interior e seus arredores. Confie que o seu coração é um excelente guia. Confie em seu coração para ensiná-lo. Confie na orientação interior que seu coração oferece. Solte suas ansiedades. Solte suas preocupações de negócios. Solte toda a tagarelice mental que afoga as mensagens sutis, porém claras, que seu coração aberto fornece. Quando você confia e se entrega à sabedoria do seu coração nesse nível, o mundo se mostra novo para você. Quando você permite que seu coração o oriente dessa maneira, abre-se a possibilidade para a Natureza lhe ensinar coisas que ninguém mais pode lhe ensinar; nenhum ser humano pode te dizer; nenhum livro, filme ou site da Internet pode transmitir. A Natureza e o Grande Espírito podem informar as profundezas do seu ser por meio de seu coração aberto.

Onde quer que suas percepções cheguem, permita que sua gratidão e apreciação amorosa fluam. Deixe a experiência de visão, som, paladar, olfato e tato se abrir para uma comunhão natural e amorosa com tudo que está sendo percebido. Fazendo essa prática ao longo do tempo, sua experiência de apreciação amorosa pode se aprofundar até ser uma de união com tudo o que é percebido. Em vez de ver as plantas, pedras ou um riacho como separados de você, deixe que cada sentido o leve à experiência de união com tudo o que você está observando.

Por exemplo, se uma flor se levanta logo à sua frente, sinta suas pétalas roçarem suavemente sua mão, sem separação entre a sensação da pétala externa da flor e a percepção da pétala da flor dentro de você. Experimente a flor como uma com você – um toque, um cheiro, um sabor e uma visão. Perceba o continuum dessa união única com cada campo perceptivo. Experimente o toque da pétala como uma união misteriosa, a união única que *é* a flor e você.

Não há separação, não há divisão. Você está simplesmente descansando na unidade perceptiva de visão, som, tato, paladar e olfato. Essa consciência unificada afirma a comunhão do coração aberto e radiante que repousa com a natureza interna e externa.

Caminhando com Apreciação

Você pode abordar a prática de apreciação como uma maravilhosa meditação de caminhada. Ao caminhar na floresta, ou vagar entre campos de flores silvestres, ou passear ao longo de um belo riacho, observe tudo que entra em contato com seus sentidos. Enquanto você está observando seus sentidos, envie conscientemente amor e apreço a tudo que surgir em seu campo perceptivo de consciência. Se você estiver caminhando às margens de um riacho, aprecie o fluxo da água; seja grato pelas pedras que ficam ao lado do riacho. Conforme você está se movendo lenta e silenciosamente pela floresta, dê boas-vindas à maneira como as folhas se movem e ondulam com o vento, ou a maneira como a luz do sol brinca em suas superfícies.

Aprecie a beleza das árvores que adornam as margens do riacho. Ao caminhar pela Natureza, seja grato por tudo que adentra o campo de sua experiência e por meio de cada um de seus sentidos. Se você notar algum pequeno animal ou pássaro, simplesmente estenda sua gratidão a eles por estarem ali – por fazerem parte de sua experiência. Abra seu coração em agradecimento. Observe quaisquer sentimentos autênticos de amor que surjam. Se o fizerem, envie conscientemente amor do seu coração.

No começo, se você não sente um forte amor, simples apreço e gratidão bastam. A principal preocupação é começar a desenvolver o processo. Faça dessa forma de se relacionar com a Natureza um hábito e desenvolva um padrão de agradecimento e admiração de volta à Natureza por tudo que você recebeu. Na nossa cultura, há uma tendência de supor que a Natureza existe apenas para uso humano. Muitas pessoas veem a Natureza e seus recursos como algo à disposição. Então, mudando essa atitude e começando a passar algum tempo realmente dando à Natureza seu amor e sua apreciação, você começa a estabelecer um novo padrão. Seu coração se abrirá em plenitude, equilíbrio e integridade. Essa abertura produz um maravilhoso estado de bem-aventurança.

Aproveitando ao Máximo o Dirigir em Michigan

Quando eu estava na Universidade de Michigan como um jovem estudante no final da década de 1950, passava muito tempo em meu Chevy de 1955 indo e voltando entre as aulas e minha casa – uma pequena cabana nas margens do Lago Whitmore. O passeio era adorável, embora não espetacular, passando por fazendas e florestas, e por riachos margeados com taboa. Durante a viagem, muitas vezes me concentrava em oferecer agradecimento e apreço a tudo o que havia experimentado enquanto dirigia. Era uma coisa muito simples, mas percebi que comecei a ansiar pelo trajeto de ida e volta para a escola. De muitas maneiras, a viagem se tornou o ponto alto do meu dia. Eu estava praticando muita meditação formal naqueles anos, cerca de quatro a sete horas por dia, mas aquela viagem era um momento em que eu podia sentar no carro e irradiar minha apreciação por toda a beleza das florestas, os riachos pantanosos, os lagos naturais, as flores e os campos – tudo o que me rodeava naquele mundo atraente do sul de Michigan. Ao fazer essa prática, formei um novo relacionamento com meu ambiente.

Se fizer essa prática consecutivamente por um período de dias, semanas e até anos, você será transportado para um novo reino de compreensão de si mesmo e da terra. É como tentar descrever a profundidade de um caso de amor arquetípico. Em última análise, não importa onde você está quando faz a prática da apreciação. Você não precisa estar caminhando na Natureza; você pode fazê-la de qualquer local, desde que esteja se conectando por meio de um de seus sentidos com a Natureza. Obviamente, se você puder sair e caminhar na Natureza, ela será ainda mais poderosa, mais direta e mais completa.

Prática de Abrir o Coração #2: Prática de Tonglen

Outro método ativo para cultivar o esplendor natural do coração é aprender como ajudar outros seres humanos que estão sofrendo e que podem se beneficiar da ajuda de seu esplendor. Essa prática oferece uma maneira de você compartilhar a bela compaixão que emana de seu coração amoroso, sua bondade amorosa.

Tonglen, também, é uma ótima maneira de retribuir à natureza de alguma maneira. Recebemos muito da Mãe Terra – as plantas e os animais, o próprio ar que respiramos. Não teríamos os alimentos que comemos, as casas que nos abrigam e as roupas que vestimos se não fosse pelo mundo vegetal e animal. Portanto, esta é uma forma de oferecermos algo em retribuição por todas as dádivas que recebemos da Natureza.

Tonglen é uma prática budista, projetada para criar e irradiar compaixão ativa. É uma prática fundamental do Dalai Lama e de Avalokitesvara (Kuan Yin), o Buda da compaixão. A própria palavra significa "receber e enviar". Tonglen nos oferece uma maneira poderosa de retribuir à nossa tão maltratada Gaia. Ao estender Tonglen para tantos tipos diferentes de ambientes quanto possível, nós enviamos cura para toda a Natureza.

As instruções que seguem são baseadas na prática tibetana tradicional de Tonglen. Elas foram expandidas e adaptadas para refletir uma ênfase específica na Natureza e no mundo selvagem. No Tibete do século XI, os praticantes nômades de Tonglen viviam na Natureza todo o tempo, durante todo o ano. Sua prática refletia naturalmente esse estilo de vida. A meditação descrita aqui é desenhada para trazer à mente esse relacionamento tranquilo com o mundo natural – um mundo que muito frequentemente está imensamente afastado da nossa experiência cotidiana.

Ainda, é importante apontar que fazer Tonglen a céu aberto permite que sua prática seja abençoada por energias frescas de Gaia; pelos elementos da Natureza; pelo Sol, a Lua e os corpos planetários; e do *qi* universal dos sistemas estelares e das galáxias. Quando a prática do Tonglen reúne essas energias ao seu *qi* inerente, sua atividade compassiva pode ser imensamente magnificada e intensificada. Isso gera um benefício ainda maior para todos os seres sencientes, que é o objetivo principal de Tonglen.

Eu percebo que minha sugestão da integração do cultivo de energia à prática de Tonglen, representa uma nova dimensão para ela. Por ser nova, recomendo que você comece a aplicá-la depois de adquirir maestria no Tonglen clássico. Ademais, seria útil você ter trabalhado com as práticas de Qi Gong neste livro para ganhar mais fluência na aplicação do cultivo de *qi* à meditação.

Você pode começar este cultivo ampliado durante a fase preparatória de Tonglen, quando você está centrado com a atenção repousando para a respiração. Nesse momento, visualize todas as energias naturais e universais fundindo-se em você a cada inspiração. Sinta essas energias vindo da Mãe Terra; dos elementos e plantas da natureza; do Sol, da Lua e dos corpos planetários; e do *qi* universal dos sistemas estelares e galáxias. Sinta esse *qi* sendo armazenado em seus três *tantiens*, os cinco órgãos yin, os oito meridianos extraordinários[7] e a medula óssea. Em seguida, defina a intenção de que isso acumule *qi* para a fase posterior de enviar com a expiração tudo o que traga cura, felicidade e liberação para os seres sencientes com quem você está trabalhando.

- Comece sua prática Tonglen com meditação sentada. Se você está sentado no estilo taoísta, em uma cadeira, afaste-se do encosto da cadeira de modo que você mesmo possa oferecer o suporte às suas próprias costas. Coloque as pernas afastadas na largura da pelve, com as panturrilhas caindo diretamente para baixo, formando um ângulo de noventa graus. Contraia ligeiramente o queixo e relaxe os braços e ombros. Coloque as mãos na vertical sobre as coxas. Respire com a parte inferior do abdômen – respirações longas, lentas, suaves, regulares e gentis. Com a cabeça bem centrada sobre os ombros e uma sensação geral de retidão e tranquilidade, sinta sua conexão com a Terra. Seus olhos estão abertos, mas suaves, olhando para baixo em um ângulo de quarenta e cinco graus.
- Relaxe. Deixe a energia vital se reunir naturalmente nos três centros *tantien* de seu corpo, particularmente no *tantien* inferior. Balance suavemente para a frente e para trás e de um lado para o outro até sentir sua coluna alinhada com a gravidade. Novamente, relaxe na coluna verticalizada, agora centrada em sua postura mais confortável, porém ereta.
- Quando sentir que seu corpo está centrado, direcione o foco para o ar que entra e sai de suas narinas. Inspirando, reconheça com gratidão a dádiva de oxigênio oferecida gratuitamente a você pelas árvores e pela relva. Ao expirar, sinta sua respiração

7 Os oito meridianos extraordinários referem-se ao canal de energia do corpo.

se dissolver em toda a Natureza. Veja sua expiração retribuindo sua própria dádiva de dióxido de carbono como alimento atmosférico para todas as plantas. Experimente sua respiração como uma troca direta e amorosa com a natureza selvagem.

- Agora, mude seu foco para a consciência clara e pura que subjaz a sua respiração. Reconheça o aspecto do seu ser que simplesmente testemunha tudo – sensações, emoções e pensamentos. Descanse na simples observação de todas as formas surgindo e se dissolvendo. Por ser sem julgamento ou interpretação, esse estado de testemunho está no cerne do amor incondicional. A pura testemunha e a pura Fonte são unificadas. Reconhecendo isso, respire no seu coração desobstruído, que irradia amor incondicional. Conecte-se com o esplendor de sua própria bondade amorosa em sua forma mais luminosa.

- Em seguida, visualize que a atmosfera ao seu redor é escura, pesada e densa. Ao inspirar, receba esse peso no seu coração vasto, espaçoso e puro. Absorva-o de todas as direções, por todos os seus poros. Ao expirar, imagine que o que você está enviando é leve, fresco e tranquilo. Deixe essa sensação de liberdade irradiar de todos os seus poros e se dispersar no espaço infinito. Suas inspirações e expirações devem ter aproximadamente a mesma duração. Sinta por um momento a textura do escuro, quente e pesado ao inspirar e a textura do brilhante, fresco e leve ao expirar. Continue respirando dessa maneira até sentir que a atmosfera mudou e que a textura brilhante, fresca e leve substituiu a textura pesada, quente e escura.

- Em seguida, conecte-se com um aspecto de si mesmo que você encontra em dor ou contração. Pode ser dor por uma mágoa passada, ou antecipação ansiosa de algo no futuro, ou raiva que se recusa a ser apagada, ou um anseio doloroso por algo que você não pode ter. Seja qual for a forma deste sofrimento, toque nele suavemente. Conecte-se com ele o mais completamente possível. Sinta sua textura quente e pesada. Comece a respirá-lo em seu coração de amor incondicional. Em seguida, expire o que for necessário para aliviar o sofrimento do seu aspecto contraído. Visualize o sofrimento se dissolver conforme você envia felicidade e energia positiva a ele.

- Em seguida, conecte-se com a dor e a angústia de alguém de quem você se sente próximo, talvez alguém que esteja lidando com uma contração ou forma de sofrimento semelhante à sua. Inspire a dor e angústia dessa pessoa e expire para ela exatamente o que você pode dar para curar e transformar sua infelicidade. Como uma pessoa que se importa, sinta a dor e o sofrimento dela ao inspirá-los. Encontre aquele lugar terno dentro de você que é suave e vulnerável e sinta a partir de lá. Seu coração se abre incondicionalmente, absorvendo mais e mais sofrimento com crescente compaixão. Porque a verdadeira compaixão está disposta a receber o tormento contra o qual, normalmente, tendemos a nos proteger ou que tendemos a rejeitar, o coração compassivo em expansão torna-se imensamente espaçoso. À medida que você vai descobrindo a vastidão do potencial incondicional da compaixão, você descobre que não há lugar para a escuridão e o peso que você está absorvendo ficarem presos ou se acumularem. Conforme você inspira, eles simplesmente se dissolvem na amplitude do coração incondicionalmente amoroso.

- Em seguida, estenda a abrangência da prática, absorvendo o sofrimento da sua pessoa próxima e dando tudo o que você tem que pode trazer felicidade a ela. Estenda sua inspiração para incluir todos aqueles que sofrem do mesmo tipo de tormento. Preste atenção especial para incluir seus inimigos e aqueles com quem você tem dificuldades. Como antes, expire para eles, a partir do seu interior, aquilo que lhes traz cura, felicidade e libertação.

- Mais uma vez, inspire sofrimento; mas, desta vez, inspire todas as formas de sofrimento que afligem os que estão na Terra. Mais uma vez, sinta mais profundamente a compaixão que surge naturalmente quando seu coração está aberto, como está agora. Esta é a energia livre, a qualidade da qual é felicidade, bem-aventurança e libertação totais. Expire essa bem-aventurança e libertação. Deixe-os ir, doe-os. Doe toda a sua felicidade, deleite, prazer, bem-aventurança e até mesmo a própria iluminação para todos os seres sofredores da Terra. Doe com o profundo desejo de que todos esses seres em sofrimento sejam completamente libertados do tormento por suas dádivas. Inspire o sofrimento deles com a aspiração de que estejam totalmente livres dele e expire sua própria alegria e libertação como sua dádiva transformadora para eles.

- Embora nosso sofrimento, muitas vezes, pareça privado e exclusivo, o fato é que o compartilhamos com inúmeras outras pessoas. Qualquer que seja o sofrimento com o qual você está se conectando, milhões de outros seres estão experimentando exatamente a mesma dor neste exato momento. Reconhecendo como essa experiência é compartilhada, estenda sua prática Tonglen a todos os seres que estão sofrendo assim como você. Em prol de todos os seres do planeta, inspire a dor deles. Expire para eles a compaixão e a amplitude que surgem continuamente em seu coração aberto.

- Estenda seu dar e receber a toda a Natureza em seu estado selvagem – as plantas, animais, riachos, oceanos, rios, montanhas e florestas. Estenda essa compaixão aos seres da Natureza que estão sob coação. Sinta a destruição incompreensível que os humanos estão infligindo aos ecossistemas da Natureza. Sinta o sofrimento de todas essas espécies. Respire a escuridão em seu coração compassivo e amoroso, onde ela se dissolve no espaço. Expire para toda a Natureza sua compaixão, luz, cura, transformação, bem-aventurança e libertação esplendorosos.

- Sinta o peso e a escuridão do abuso, guerra, encarceramento, pobreza, doença, solidão e desespero. Sinta todas as pragas físicas e emocionais experimentadas pelos humanos e outros seres em todo o mundo. Inspire-as por todos os poros, em seu coração absolutamente puro, imaculado e incondicionalmente amoroso. Ao expirar, irradie alívio e tranquilidade por todos os seus poros e meridianos. Envie-os para todas as formas e todos os seres na Terra. Sinta todos os seres humanos e Gaia em um estado de harmonia, integração natural e liberdade.

- Complete a prática estendendo-a para todo o cosmos. Sinta onde quer que haja sofrimento e dificuldade, em absolutamente qualquer lugar do espaço, e conecte-se com eles com ternura. Sinta os tentáculos da compaixão irradiando como bilhões de pequenas mãos, tocando com sensibilidade onde quer que exista sofrimento no universo.
- Inspire essa dor em seu coração compassivo e, encontrando ali uma fonte infinita de compaixão e bondade amorosa, expire-os na forma de uma energia brilhante e clara que traz cura, transformação, libertação e bem-aventurança. Continue essa prática de dar e receber até se sentir completa e plenamente resolvido.
- Quando sentir intuitivamente que sua prática está completa, muito gentilmente traga sua mente de volta ao repouso na consciência clara e sem forma. Neste estado espaçoso e imperturbado, testemunhe a resolução de todo o sofrimento. Permita que a respiração entre e saia de suas narinas. Deleite-se com a sensação de oxigênio fluindo das árvores para você. Aprecie a sua dádiva de dióxido de carbono fluindo de volta para toda a Natureza. Sinta completamente que sua dádiva, junto com seu amor e apreciação, está sendo totalmente recebida.
- Descanse em consciência simples e descontraída até se sentir completo. Então direcione a energia de volta para o centro natural inferior de energia do corpo. Sinta a estabilidade do *tantien* inferior e sua conexão com a Mãe Terra. Sinta o seu ser conectando as energias do céu acima e da terra abaixo. Conforme você, gentilmente, sai dessa prática, sinta o lugar em seu coração onde você pode levar para o restante do dia esse relacionamento maravilhosamente compassivo com toda a vida. Permita que a radiância do seu coração continue tocando suavemente tudo e todos enquanto você realiza suas atividades normais.

Se você fizer essa prática na natureza todos os dias durante vinte a trinta minutos, isso ajudará seu coração a se abrir de uma maneira profunda e duradoura. Gradualmente, você desenvolverá maior habilidade em trazer, sem esforço, esse coração radiante de volta para casa.

Prática de Abrir o Coração #3: A Cerimônia das Onze Direções

A cerimônia das onze direções é uma maneira muito poderosa de se conectar com as qualidades universais contidas em todas as formas, com a verdade interior e com a essência da visão sagrada. A cerimônia ajudará a cultivar profundamente duas qualidades: seu relacionamento e conexão de coração aberto com todos os outros seres; e o claro reconhecimento de sua própria natureza fundamental.

Este sacramento o ajudará a estabelecer um relacionamento poderoso com toda a sua família da Natureza. À medida que você abre seu coração e expressa apreço amoroso, suas orações e oferendas o aproximarão da Natureza de maneiras que o surpreenderão. Animais, por exemplo, podem começar a se aproximar de você sem medo. Quando animais e pássaros se familiarizam com você e estão dispostos a compartilhar sua presença, eles frequentemente se tornam seus professores.

Os processos cerimoniais de grandes culturas reverentes à Terra, incluindo a dos celtas, nativos americanos, taoístas e tibetanos, inspiraram a cerimônia das onze direções. A cerimônia específica em si surgiu da graça da inspiração do Espírito, passada diretamente para mim durante minhas Buscas da Visão e *Sacred Passages*. Ela é projetada, especificamente, para que você possa torná-la sua própria cerimônia, o que é especialmente importante para muitos de nós no Ocidente que, normalmente, temos pouca experiência com processos cerimoniais ou orações ligados à Natureza.

As pessoas modernas, muitas vezes, se sentem estranhas ao fazer uma cerimônia que homenageia a Mãe Terra e o Grande Espírito que flui por todas as formas. Ou por, talvez, estarmos fazendo uma cerimônia de uma tradição ou linhagem na qual nossa cultura não tem fundamento ou formação. Muitos de nós não nos sentimos bem em adotar essas práticas. Não sentimos que podemos realmente nos apropriar da cerimônia porque não conseguimos nos entregar completamente ao processo sagrado de outra cultura.

Por essas razões, os aspectos mais importantes da cerimônia são que ela venha do seu coração, que expresse a verdade da radiância natural do seu coração e que venha das profundezas do seu ser. Recomendo que você se entregue a esse processo sagrado de todo o coração. Incorpore-o completamente. Então a cerimônia das onze direções se entregará a você.

Portanto, as instruções a seguir são oferecidas como uma base para o desdobramento verdadeiro de sua própria cerimônia, profundamente pessoal. Elas não foram projetadas para serem rigidamente observadas.

Preparando-se para a Cerimônia

Reúna algumas substâncias da oferenda. Erva-doce, milho, pólen de milho, sálvia, tabaco, zimbro e cedro são, todas, oferendas tradicionais dos nativos americanos. Copal é uma oferenda de fumaça aromática maravilhosa usada na América Central. Na Ásia, arroz, frutas, chama de vela, figuras de torma feitas de massa, água consagrada, fogo, mandalas e incenso são comumente usados. O tantrika inclui carne e bebidas alcoólicas em suas oferendas. Ou, para dar à oferenda algum significado especial, você pode simplesmente dar algo de que goste, como chocolate ou um movimento como Qi Gong. Dependendo de onde você mora, é sempre bom descobrir o que é tradicionalmente usado em sua região e incorporar isso como uma oferenda em seu processo cerimonial. Os seres locais da Natureza e os espíritos indígenas apreciam isso. Lembre-se de que a oferenda mais importante de todas é um coração amoroso e grato. Ao fazer as oferendas, imagine que elas são magnificadas milhões de vezes à medida que sua essência é convertida em ambrosia deliciosa que satisfaz, liberta e traz felicidade a todos os seres.

Ao se virar para cada uma das onze direções, sempre gire no sentido horário. Veja as instruções como pontos em uma roda de medicina sagrada ou como partes complementares e interdependentes de uma mandala requintada.

Realizando a Cerimônia

Como em todas as práticas, vá a um lugar na Natureza onde você se sinta inspirado. Encontre um lugar onde sinta que deseja retribuir algo à Mãe Terra – onde você sinta que pode contribuir com algo para a natureza selvagem. Esse sentimento de inspiração abre naturalmente o coração.

Para começar, fique em uma posição confortável em pé. Mais adiante, quando tiver mais familiaridade com essa prática, você poderá se sentar ou ficar em pé. Frequentemente, o vento responderá a esta cerimônia e virá para se juntar a você, movendo-se em sincronia com cada uma das direções. A adesão do vento é uma bênção maravilhosa e uma confirmação do Espírito. O Espírito fala mais clara e diretamente por meio da voz do vento, movendo-o de maneiras incríveis. Você pode convidar o vento para ser seu parceiro, seu companheiro e aliado nesta cerimônia.

Você pode colocar sua oferenda diante do coração. Você pode colocar sua oferenda na Terra. Geralmente, levanto minha oferenda para o céu e depois a liberto na direção sagrada a que estou me dirigindo. Seguro a oferenda diante dos olhos e visualizo sua essência transformada em ambrosia com uma potência intensificada em milhões de vezes. Essa substância magnificada torna-se algo que, ao ser oferecida, satisfaz, traz felicidade e liberta todos os seres. Desta forma, qualquer que seja a sua oferenda – seja milho ou fubá, sálvia, erva-doce, cedro, tabaco ou arroz – ela pode ser uma oferenda profundamente magnificada. Sua bênção pode ser imensamente expandida para que realmente traga dádivas maravilhosas a todos os seres associados a cada direção.

Comece olhando para o leste. Coloque sua oferenda no sentido leste, a direção do nascimento espiritual e do despertar. Novamente, você pode colocar a oferenda na Terra ou pode, gentilmente, jogar ou dispersar sua oferta na direção do leste. Preste muita atenção a qualquer coisa que surja. Tudo o que aparece na Natureza a leste – seja uma árvore, uma águia ou uma rocha – representa a qualidade daquela direção naquele momento. É assim que o leste se manifesta na mandala natural de suas onze direções. Não tente aplicar uma noção preconcebida ou ideia artificial do que está associado com o leste a este círculo sagrado. Trabalhe de forma exata e verdadeira com o que a Natureza oferece na roda da medicina natural no momento de oferenda.

Voltado para o leste, faça a sua oferenda para todos os seres associados com abertura espiritual, iluminação e libertação. Deste modo, você pode agradecer os guias extraordinários e seres espirituais que o ajudam com seus ensinamentos e *insights*. Também ofereça seu amor e apreciação a todas as plantas e animais e outros seres da Natureza associados com as qualidades da direção leste.

Agora, vire no sentido horário para o sul. Essa direção, normalmente, está associada ao coração aberto e à força vital, a vitalidade que surge quando o coração se abre. No hemisfério norte, o Sol nasce de maneira particularmente poderosa no sul. Essa é uma das razões pelas quais nós, e todo o reino vegetal, sentimos sua tremenda vitalidade nessa direção. A radiância do Sol também representa a radiância do coração aberto, incondicionalmente amoroso. Faça sua oferenda para o sul. Agradeça de coração e ame todos os seres que estão ajudando você a abrir o seu coração com maestria. Experimente o poder do seu próprio *qi* e a radiância natural do seu coração liberado.

Gire no sentido horário em direção ao oeste, a terceira direção. É aqui que o Sol se põe, onde todas as formas do mundo metaforicamente morrem, se dissolvem ou são transformadas. O oeste é onde honramos a morte, que é a precursora do renascimento. Aqui, permitimos que a transmutação interna transforme aquelas partes de nós mesmos que estão prontas para mudança em novas formas de manifestação. Oeste é sinônimo de metamorfose. Ao olhar para essa direção, reconheça sua oportunidade de abrir mão de qualquer bagagem velha e modos de ser que não o servem mais. Assim como o Sol se põe no oeste e morre naquele dia, permita que suas antigas formas de pensamento desapareçam naturalmente e morram noite adentro. Ao fazer sua oferenda, sinta que ela está sendo recebida por todos os seres associados às qualidades do oeste – com todos os aspectos da Natureza, todos os espíritos, plantas, animais, pedras e elementos.

Vire mais uma vez e olhe para o norte. Assim como o sul representa a qualidade do amor incondicional e da força vital, o norte detém a qualidade da sabedoria universal. Ele também tem um aspecto purificador que deriva desse poder de sabedoria. Faça suas oferendas de agradecimento pela bênção da sabedoria universal e por todas as dádivas que você recebeu de seres espirituais e de todos os outros professores e seres, das plantas e da Natureza que se associam com, ou habitam na, sabedoria universal daquela direção.

Em seguida, ao abordar as direções diagonais – nordeste, sudeste, sudoeste e noroeste – visualize as qualidades das direções individuais se fundindo. Por exemplo, a sabedoria universal do norte e o despertar espiritual do leste se reúnem no nordeste. Na direção sudeste, o despertar espiritual do leste se funde com as qualidades de vitalidade e amor incondicional do sul. Dessa forma, você começará a ver a roda da medicina como um campo unificado onde todas as quatro qualidades fundamentais se fundem. Conforme você continua girando no sentido horário, você une os aspectos de todas as direções em uma única mandala.

A quinta direção, então, é o nordeste. Faça sua oferenda aqui para os aspectos unificados da sabedoria universal e do despertar espiritual e para todos os seres associados a essas características. Experimente a sabedoria universal dando origem a novos níveis de *insight* espiritual à medida que o processo de libertação se aprofunda.

Vire além do leste para chegar ao sudeste. Sinta as qualidades de iluminação e despertar espiritual fundindo-se com vitalidade e amor incondicional. Veja o despertar espiritual ajudando a dar origem a uma força vital libertada, e uma força vital livre dando origem a um coração compassivo e radiante. Agradeça a todos os espíritos e seres da Natureza conectados a essas qualidades vivificantes e sinceras.

Quando você chegar ao sudoeste, experimente as qualidades de vitalidade e amor incondicional fundindo-se com os profundos processos de morte, transmutação e transformação do oeste. Faça sua oferenda aos espíritos e seres do sudoeste, agradecendo pela dança de vida e morte, pelo amor incondicional e pela transformação incessante de todas as formas.

Voltando-se para o noroeste, faça sua oferenda a todos os seres que representam as qualidades unificadas de morte, transmutação, transformação (oeste) e sabedoria universal (norte). Dê graças por como a morte e a transmutação de todas as formas dão origem a uma grande sabedoria. Como em todas as direções anteriores, visualize as oferendas amplamente magnificadas e transformadas em ambrosia para todos os seres associados à direção noroeste.

Cada vez que você se vira para uma nova direção diagonal, você cruza a linha que une duas das direções principais. Por exemplo, ao virar do nordeste para o sudeste, você passa pela linha que liga o leste ao oeste. Conforme você se familiariza com a cerimônia das onze direções, comece a perceber essas travessias. Sinta, conforme você passa pelas linhas que unem leste/oeste e norte/sul via mandala, as qualidades dessas duas direções. Cruzando a linha norte/sul, experimente a unificação da sabedoria universal e do amor incondicional; e ao passar pela linha leste/oeste, sinta como a transformação de todas as formas e o despertar espiritual se encontram na energia unificadora de suas posições opostas.

Tendo feito suas oferendas para as oito direções horizontais, vire além do nordeste para encarar a direção leste mais uma vez. É a partir dessa posição que você experimentará o poder das três direções finais - abaixo, acima e a infinita Fonte Natureza – da qual surgem todas as direções e suas qualidades.

Ajoelhe-se para fazer sua nona oferenda à Mãe Terra. Sinta sua conexão grata e amorosa com Gaia e abundância vasta e nutritiva que ela oferece inabalavelmente a todos os seres que vivem sobre e dentro dela. Veja a essência de sua oferenda ampliada milhões de vezes.

Agora fique de pé e, ainda voltado para o leste, olhe para cima e levante sua oferenda para o céu. Essa é a décima direção, que representa o Grande Espírito, Deus, Deusa ou o Tao. Dê graças ao Grande Espírito, em qualquer forma que você o imaginar. Então, faça sua oferenda a todos os seres iluminados e mestres professores, humanos ou não, que nos beneficiam tanto por meio de seus ensinamentos e seu amor incondicional. Em seguida, inclua seus professores humanos, agradecendo-lhes por suas bênçãos e tremenda ajuda espiritual. Deseje a seus professores vivos boa saúde e longa vida, felicidade e uma profunda imersão no estado liberto. Jogue sua oferenda para o céu.

Finalmente, gire em uma espiral que se expande lentamente, sentindo toda a mandala do círculo sagrado sendo transformada na esfera da Grande Natureza e Fonte. Sinta-a como um campo unificado de luminosidade, clareza, amplitude e consciência primordial pura.

À medida que você se vira, todas as direções e suas qualidades se dissolvem em consciência primordial sem forma, com todas as formas externas da Natureza – plantas, animais, pássaros, planetas, Sol, Lua e galáxias. Todas as formas internas dos sentidos – vitalidade interna, emoções, pensamentos e conceitos – se dissolvem quando você se vira. Esta é a décima primeira direção da consciência primordial sem forma. Honre a essência fundamental desta Fonte pura que repousa no coração de cada ser, da qual todas as formas surgem naturalmente e se manifestam espontaneamente, e de volta na qual todas as formas se dissolvem sem esforço. Permaneça nesse estado de presença espontânea, clareza, luminosidade e amplitude.

Enquanto você permanece nesta consciência pura da Fonte, note gentilmente todas as percepções, emoções e pensamentos. A cada momento, reconheça essas formas surgindo naturalmente do estado prístino de consciência primordial, manifestando-se em sua vastidão e dissolvendo-se de volta em sua luz clara. Perceba que você e todas as formas da natureza interna e externa, todos os seres de todas as onze direções, são profundamente conectados nesta consciência da Fonte sem forma. Continue descansando nesse reconhecimento o máximo que puder.

De todas as maneiras possíveis, aproprie-se desta prática. Introduza elementos que tenham um significado especial para você e experimente com o que parece mais alinhado com sua própria experiência e integridade.

O tema central é gerar e expressar apreciação e amor profundos em todo o processo cerimonial. Se você fizer isso, todo o resto se desdobrará muito espontaneamente. Se realizar esta cerimônia na natureza selvagem, você descobrirá que ela leva a uma abertura incrivelmente poderosa de seu coração e a uma profunda consciência da Fonte espiritual dentro de cada ser.

Atravesse até a Claridade e Vastidão

EM NOSSO ÚLTIMO CAPÍTULO EU DISCUTI como você poderia entrar em um estado de coração aberto e bem-aventurança. Expliquei que essa é a consequência natural da união de presença e relaxamento. Quando a presença e o relaxamento são profundamente cultivados, a força vital natural e o vigor são liberadas em um fluxo aumentado dessa união alquímica. Essa força vital ampliada é experimentada como uma bem-aventurança natural e de coração aberto.

Uma dificuldade potencial surge quando você permanece centrado na bem-aventurança do coração. Em um nível sutil, você pode se tornar um pouco viciado em bem-aventurança, alegria e felicidade. Muitas vezes, meus alunos dizem: "Bem, a alegria e a bem-aventurança não são maravilhosas? Isso não é o suficiente? Não deveríamos apenas parar por aí e desfrutar e apreciar?" Costumo dizer: "Sim, é uma sensação maravilhosa. Sim, definitivamente aproveite e aprecie essa experiência. Descanse profundamente na alegria e bem-aventurança e felicidade da abertura do coração... mas não pare aí".

Ao mergulhar nessa bem-aventurança luxuosa, é muito importante não ficar preso nela. Nesse ponto de seu cultivo espiritual, um evento repentino de corte pode abrir a imensa clareza e vastidão da verdadeira natureza de sua mente. Essa experiência de atravessamento pode levá-lo ao limiar da plena libertação. Um evento profundo e penetrante pode abrir a consciência pura e nua, e abrir a compreensão de sua verdadeira natureza. No mínimo, pode dar a você um vislumbre da base do ser e, ao fazê-lo, esclarecer seu caminho para a libertação. No entanto, o Grande Espírito, um professor habilidoso e realizado, ou a própria Mãe Natureza, deve fornecer esse movimento.

Vamos dar uma olhada mais profunda em como atravessar para a claridade e vastidão. Se você está trabalhando com um professor humano que está bem estabelecido na consciência da Fonte, é bem possível que esse professor humano o ajude a atravessar. Quando você está sentado em um estado meditativo estável e de coração aberto, em comunhão espiritual relaxada com seu mentor, no momento bem exato o mestre de meditação pode ser capaz de emitir um som cortante que ajudará a dissipar todos os seus obscurecimentos grosseiros e sutis. Este som penetrante pode obliterar seus níveis ocultos de confusão interior. Esse evento de ruptura abrupta pode cortar seu apego à bem-aventurança e ajudar a abrir uma consciência muito clara, ampla e livre – pelo menos por alguns momentos.

O Grande Espírito e a Mãe Natureza podem fornecer essa experiência de corte para você, se você se comprometer a refinar suas percepções. Ao refinar a visão, o som, o paladar, o olfato, o tato e o senso de equilíbrio, por meio do cultivo da mente e do *qi*, você notará e apreciará todos os cinco sentidos em um nível primorosamente delicado. Isso é particularmente verdadeiro se você conseguiu se dedicar à prática de muitas das meditações e do Qi Gongs oferecidas nos capítulos anteriores. Durante uma de suas sessões de cultivo, algo muito repentino e inesperado pode acontecer. Por exemplo, você pode estar sentado em um belo bosque de álamos e de repente um esquilo vermelho chega logo atrás de você, sem nenhum aviso, e faz um barulho aos pés dos ouvidos. Isso já aconteceu comigo muitas vezes.

Quando algo surpreendente acontece, existem duas respostas possíveis. Uma resposta é que você poderia reagir em contração profunda, pular e pensar: *Droga, minha prática de meditação estava indo tão bem, mas aquele esquilo atrapalhou!* A outra possibilidade é que, no momento em que ouve o som do esquilo, você se entrega completamente ao evento em uma presença nítida. Experimentado desta forma, o barulho do esquilo pode rasgar todos aqueles apegos pegajosos que você tem com a estabilidade e a bem-aventurança de seu estado meditativo. Você pode permitir que o som o leve à consciência nua e pura, cortando todos os obscurecimentos como uma espada de samurai, revelando a essência.

Na verdade, essa maravilhosa plenitude pode ser um obscurecimento poderoso, um apego que impede seu progresso espiritual no caminho. Um maravilhoso ser da natureza selvagem, como um esquilo-vermelho, pode realmente servir como seu professor e ajudar no seu despertar. O chamado chocante do esquilo pode clarear a mente e permitir que surjam mais espaço e lucidez interior. Pode servir para levá-lo ao limiar da própria Fonte.

Para permitir que uma experiência surpreendente o ajude em sua prática, o aspecto mais importante é não se contrair diante do episódio surpreendente. A contração bloqueia a oportunidade desse avanço decisivo se manifestar. Em vez disso, quando ocorrer um incidente inesperado, esteja precisamente presente, totalmente relaxado e profundamente entregue ao próprio evento. Se você conseguir fazer isso, o espaço interior desobstruído pode surgir.

Refinamento da Percepção

O refinamento da percepção é outra forma de abrir para a claridade. Por exemplo, você pode estar sentado pacificamente em um estado de tranquilidade sob algumas árvores. Tudo parece integrado, harmonioso, equilibrado e perfeito. Quando a alegria começa a surgir, você sente o toque divino da bem-aventurança. Com o refinamento de suas percepções, tudo é nítido, preciso e centrado no aqui e agora. Então, acima de você, uma folha se solta de uma árvore, flutua suavemente no ar e pousa suavemente na sua frente. O próprio som e visão daquela folha tocando suave e gentilmente a Terra é o suficiente para um despertar completo.

Uma experiência de completo despertar no momento é chamada de *satori* na tradição Zen. No Zen, muitos pequenos *satoris* culminam em um "grande despertar". Um dos pré-cultivos para o despertar é o refinamento de suas percepções. Esse aprimoramento é lapidado por meio da prática regular de meditação com a Natureza. Internamente, você refina a visão, o som, o paladar, o olfato e o tato para se tornar extraordinariamente sensível ao momento presente. Simultaneamente, você relaxa. Nessa presença precisa, as distinções entre a natureza interna e externa começam a se dissolver. Ocorre uma compreensão cada vez mais profunda do mistério do tempo e da forma ao seu redor. O mistério que é você se funde com o mistério de cada forma percebida. De repente, o campo de percepção é atravessado por uma mudança súbita, sutil e inesperada. O agora preciso surge e é reconhecido no momento como o único momento que já existiu.

Reconheça e utilize as oportunidades que a Natureza oferece para o *satori*, um corte maravilhoso. Cada corte se aproxima mais do seu verdadeiro eu.

Para ajudar a inspirá-lo sobre o princípio, gostaria de compartilhar com você três histórias que têm um enorme significado em minha própria vida.

Sob o céu do Arizona

Alguns anos atrás, eu estava nas montanhas Chiricahua, no sudeste do Arizona, com dois bons amigos, um deles um xamã nativo americano e o outro um mestre de canto harmônico. Por muitos anos conduzi *Sacred Passages* e Buscas da Visão nessas montanhas sagradas. Eu tinha acabado de guiar uma Busca da Visão especial para meu amigo xamã e estávamos terminando uma cerimônia de nativos americanos para agradecer pela poderosa Busca. Ao final da cerimônia, sentindo-nos felizes e muito alegres, todos nos demos um magnífico abraço. Eu gentilmente me soltei do abraço e dei um passo para trás.

De repente, e sem aviso, um caça a jato voou, em velocidades quase supersônicas, bem sobre nossas cabeças e logo acima do nível das árvores. Assim que meus amigos estavam terminando seu abraço, houve um golpe de som que nos atravessou penetrante e poderosamente e desceu à Terra. Parecia que aqueles caras explodiram de tanto alegria que brotou do coração. Com o impacto, os dois voaram para trás, cerca de um metro e meio ou um pouco mais, com um grande "Uau!" Todos nós nos sentamos juntos e compartilhamos nossa experiência. Cada um sentiu como se um grande professor tivesse vindo e cortado cada obscurecimento que separava e bloqueava a conexão profunda entre aqueles dois corações. Seus corações se fundiram completamente naquele golpe de som pulsando através de seu abraço. Por um instante, ele dissipou cada resquício de obscurecimento e de sensação de separação que eles tinham um do outro.

Um evento como este é um bom exemplo de como essa graça pode chegar, total e inesperadamente. Graça é a essência desse princípio. A graça pode vir de seu professor humano ou do Grande Espírito ou da Mãe Terra. Nesse caso, aquele jato chegou em um momento perfeito. Costumo dizer: "Sincronicidade é a linguagem do Grande Espírito".

Obviamente, o piloto não interrompeu intencionalmente nossa reunião. Muito provavelmente, ele não percebeu nossa presença em qualquer nível consciente. A Mãe Terra e o Grande Espírito, através do que normalmente chamamos de "coincidência", estavam demonstrando que tudo é interligado. Quando você começa a experimentar o mundo como uma grande teia de interconexão do ser, uma grande teia de comunhão, então você se dá conta de que todos os aspectos da forma estão surgindo juntos. Nesse caso, eles estavam trabalhando juntos para ajudar a alcançar um certo tipo de libertação do coração. Foi um evento impressionante. Um *satori* repentino. Eu nunca esquecerei.

Corte pelo Raio

No início da década de 1980, fui agraciado com outra experiência poderosa de atravessar para a claridade, luminosidade e vastidão da Fonte. Pediram-me para dedicar cerimônia ao local sagrado de um amigo no estado de Nova York, muito perto de onde meu pai me apresentou ao voo livre quando eu era criança. Também foi perto de onde ele morreu. Meu pai morreu no início da década de 1970 em um acidente de canoagem no alto rio Delaware. Após a dedicação, voltei naquela noite ao local onde estava hospedado, refletindo sobre a poderosa cerimônia de dedicação. Meus pensamentos me trouxeram de volta à memória de meu pai me ensinando a voar sem motor, e então à sua morte repentina por afogamento acidental no Delaware.

Provavelmente eram onze da noite, talvez até meia-noite. Eu mal tinha entrado debaixo das cobertas quando, de repente, sem absolutamente nenhum aviso, um raio me atingiu.

Ainda não sei de onde veio o raio, embora a janela do quarto próximo estivesse aberta. Eu morri instantaneamente. Meu espírito deixou meu corpo. O som do raio foi como se todo o tecido do universo estivesse sendo rasgado em pedaços. Eu me senti transportado para um vórtice escuro e rodopiante, como o maior tornado que você poderia imaginar. Não vi nenhum outro ser naquele imenso vórtice. Parecia um vórtice com o diâmetro da Terra, ou ainda mais vasto. Seu comprimento se estendia ilimitadamente. Foi realmente imenso.

Em meu corpo espiritual, lancei-me de cabeça primeiro para dentro e depois para o centro do funil giratório. As paredes escuras giravam a uma velocidade incrível. Então, vi o fim do túnel escuro à frente, o orifício de abertura do vórtice, que a princípio era uma luz minúscula e distante de intensidade incrível para seu tamanho, como uma estrela. Momentos depois, movendo-me em alta velocidade, fui atirado por uma abertura que irradiava uma luz branca, clara e brilhante. Então eu me dissolvi diretamente na luminosidade, claridade e vastidão daquela luz. Minha identidade pessoal foi dissolvida. Todo o ser, todas as formas, todos os potenciais tinham essa Fonte como sua essência mais profunda. A presença amorosa era indescritível. Na verdade, não posso falar muito sobre como é tornar-se um com essa clara luz, mas posso dizer que, após a morte, todos nós temos algo maravilhoso para aguardar.

A tradição budista tibetana enfatiza que, se você puder reconhecer essa clara luz no momento da morte, há a possibilidade de libertação completa ao morrer. No meu caso, o tempo se foi; o espaço convencional se foi; as formas sumiram; havia apenas clareza inacreditável, amor ilimitado e luz. A experiência foi de um espaço incrível além do infinito e uma luminosidade intensa que não tenho como descrever. Não há iniciação maior do que esta união com a clara luz.

Em certo ponto, entretanto, meu estado de ser individual se reformou e ficou nítido que havia mais a ser feito com esta vida. Eu fiz a escolha de voltar. Eu voltei entrando primeiro pelos pés, revertendo o caminho percorrido pelo vasto túnel, descendo de volta ao meu corpo.

Quando desci o vórtice giratório com os pés primeiro, ainda estava olhando para a luz da qual estava saindo. Retornar à forma física foi como me precipitar de volta à densidade, a densidade de estar envolto em uma forma física. O funil se dissolveu e eu voltei à forma. De volta ao meu corpo, quando meus olhos físicos começaram a funcionar novamente, eu me vi olhando por uma janela aberta – a mesma janela pela qual, presumi, o raio tinha saído. Minha visão nunca saiu da luz enquanto eu descia o funil. Eu ainda podia ver aquela luz agora distante através da janela, no céu que amanhecia. De repente, percebi que a luz que estava olhando era Vênus, a Estrela da Manhã.

Eu fiquei lá por bastante tempo. Lentamente, a sala começou a tomar uma forma mais clara, o perfil da janela aberta ficou mais nítido e minha forma corporal tornou-se mais densa. Quando voltei ao meu corpo humano, ele não estava mais sob as cobertas se preparando para dormir. Eu não fui queimado pelo raio de maneira alguma e estava sentado em uma postura de meditação de lótus em cima da cama. Eu estive fora por aproximadamente seis horas; os primeiros raios de luz do amanhecer iluminavam o céu.

Eu não tenho explicações para essa experiência. Ela continua sendo um koan vivo para mim. Embora o evento seja difícil de entender, estou apenas apresentando-o como aconteceu. Eu compartilho esta história como um exemplo de como esse aspecto do Grande Espírito que é cortante como um raio pode iniciar você diretamente no Grande Mistério.

Não há um encontro mais poderoso de corte para a clareza, vastidão e Fonte fundamental do que a morte. Alguns anos após minha experiência iniciática, descobri que, na tradição tibetana, existem verdadeiros xamãs relâmpago. A única maneira de você se tornar um xamã relâmpago é ser atingido por um raio, passar pelo processo de morte e, então, de alguma forma, retornar ao seu corpo. Para mim, talvez porque tendo a ser um indivíduo excepcionalmente teimoso, eu precisava de um remédio muito forte. Esse despertar primordial foi concedido pela graça de meus professores, os seres iluminados em espírito que continuam a abençoar meu caminho, a Mãe Terra, o Grande Espírito e o cosmos. Independente de por quê e como ele tenha vindo a ser, sou intensa e profundamente grato.

Vivemos em uma época em que a tecnologia moderna está possibilitando que as pessoas sejam operadas em um hospital, morram e depois sejam trazidas de volta à vida. Muitos desses seres humanos estão servindo como professores maravilhosos para o restante de nós, que gostaria de saber mais sobre o que acontece após a morte. Essas pessoas não passam da experiência de pós-morte imediatamente para a plenitude completa de tudo o que acontece após ela porque retornaram a seus corpos. No entanto, definitivamente obtêm uma exposição tremenda ao que acontece imediatamente após a morte.

Como muitos mais dentre nós estão tendo essa experiência de quase morte em tempos modernos, a possibilidade de libertação nessa vida se amplia. Como preparação para o momento da morte, é vital cultivar a habilidade de reconhecer e permanecer na consciência pura, sem forma, sem distrações ou contrações. Para uma boa preparação para a sua morte, eu recomendo a prática regular de meditação, práticas tibetanas de sonho, os vários cultivos compartilhados nesse livro e, em última instância, essas práticas que focam na abertura da primordial consciência Fonte.

Tanto em uma experiência de quase morte quanto em sua morte completa, é útil ter experiência anterior de meditação. Em vez de simplesmente vê-la passar voando por você em um instante passageiro, você pode reconhecer a completa luminosidade, vastidão e claridade que aparecem. Nesse momento, a consciência da Fonte sem forma se manifesta como a base ilimitada de seu verdadeiro ser. Na tradição tibetana isso é chamado de reconhecimento da clara luz da pura consciência. Se você puder reconhecê-la, repouse nela e permaneça nela; então, há a oportunidade para a completa libertação naquele momento, naquele instante.

O Caminho Natural para a Libertação

A libertação no período desta vida, levando-nos ao reconhecimento direto da consciência primordial, é um dos principais objetivos da prática espiritual. Qualquer experiência de ruptura, seja o corte poderoso da experiência da morte ou o evento semelhante a uma espada fornecido por seu professor humano, ou um beija-flor zumbindo repentinamente a centímetros de seus olhos, ou um esquilo vermelho soando em seu ouvido – qualquer um desses pode abrir o espaço claro da consciência prístina. Seja como for, a graça da experiência de ruptura fornece uma preparação maravilhosa para o momento da morte.

A Natureza pode fornecer abundantemente esse tipo de graça. Na maior parte, a graça da Natureza chegará de maneiras muito gentis e sutis. Isso é especialmente verdadeiro quanto mais você refinar suas percepções, sentidos, emoções e pensamentos. Quando seus pensamentos tiverem cessado quase completamente, uma graça muito sutil pode vir e parar o mundo ou interromper a mente, abrindo você para a base do ser. A natureza pode ser uma grande ajuda – uma tremenda aliada nessa disrupção decisiva.

Um presente tântrico do Mojave Verde

Outro exemplo realmente poderoso desse processo de atravessamento aconteceu há alguns anos na Baja Califórnia, no México. Eu estava ensinando um grupo de alunos na costa sul de Baja e tínhamos acabado de meditar com as baleias no Pacífico aberto. Tivemos que voltar a pé pelo deserto para chegar ao Centro de Retiros da *Way of Nature Fellowship* em Todos Santos, onde estávamos realizando o Treinamento de Conscientização. Caminhando de volta da praia, o resto do grupo saiu na frente de uma aluna e eu. A aluna com quem eu estava andando estava interessada nos sistemas do Tantra Indiano. Ela sabia que eu tive a boa fortuna de estudar todos os três sistemas tântricos principais com alguns professores nativos maravilhosos.

Antes de continuar com a história, pode ser útil compartilhar um pouco do contexto. Nos Estados Unidos, o Tantra é normalmente associado apenas à sexualidade. Na verdade, o Tantra é um vasto sistema de ensinamentos que cobre muitas áreas do desenvolvimento espiritual, incluindo uma pequena parte dedicada à sexualidade sagrada. A ênfase sexual envolve a integração da sexualidade e do poder da energia sexual, como uma ajuda potente para o caminho para a libertação total. A grande maioria dos Tantras, no entanto, concentra-se em outros meios poderosos e profundos de transformação espiritual. Em todos esses Tantras, seu poder de transformar alguém rapidamente é enfatizado. É por isso que se deve ter grande cuidado no ensino e na prática do Tantra. Se um caminho espiritual usual, mas comprometido, pode ser descrito como uma caminhada vigorosa por montanhas tanto belas quanto difíceis, o caminho tântrico pode ser retratado como um lançamento de foguete, onde até o menor erro de cálculo pode ter consequências devastadoras. E no entanto, se seguido corretamente, ele pode levar à iluminação em uma única vida. Os três sistemas tântricos mais conhecidos são encontrados no budismo, hinduísmo e no Bon. O próprio Tantra pode ser pensado como uma teia ou trama em que todas as formas e fenômenos são interconectados e semelhantes a fios nessa teia. Na verdade, costumo descrever o Tantra como o continuum filiforme do ser interconectando todas as formas do cosmos.

Enquanto eu estava estudando no Nepal e na Índia, meu professor tântrico hindu, Vasudev, disse algo notável para mim, em um dos últimos momentos que pude passar com ele antes de sua morte. Ele disse: "Sabe, para atingir os níveis mais elevados do sistema tântrico, você precisa tomar, uma vez na vida, um veneno mortal, como veneno de cobra, e transmutá-lo espiritualmente sem qualquer ajuda médica".

Na Índia, uma das toxinas mais potentes é o veneno de cobra. A cobra tem muitas associações com o Tantra e a abertura da Kundalini shakti, energia universal associada com a feminilidade Divina. Shiva, por exemplo, geralmente é mostrado segurando uma cobra enrolada sobre o corpo e, muitas vezes, levantando-se atrás ou ao lado da cabeça. No Nepal tântrico, o Buda, após sua iluminação, às vezes é retratado com uma naja de muitas cabeças – o corpo da cobra subindo ao longo de sua coluna e o capuz se espalhando acima e atrás de sua cabeça. Tudo isso fala sobre o poder do Tantra de transmutar energeticamente toda a negatividade. Também é um poderoso testemunho do caminho da energia universal como um caminho para a iluminação completa.

Quando falo do poder do Tantra de transmutar qualquer forma prejudicial, quero dizer que o próprio veneno é transformado dentro do espaço da consciência pura e sem forma e da energia universal. O limiar que isso requer é uma profunda entrega e confiança no abraço do sagrado. O Tantra hindu exige um processo de entrega total e completa à Mãe Divina. Particularmente em seu aspecto sem forma como pura energia universal, a Mãe Divina transmuta o veneno em energia fundamentalmente livre. Shiva, como consciência imaculada e ininterrupta, fornece o campo companheiro da consciência sem forma. Todas as formas de negatividade também se dissolvem na consciência vasta e sem forma de Shiva. Juntos em união, o poder de transmutação de Shiva e Shakti é incrível. No entanto, a entrega à consciência primordial e à energia universal deve ser cem por cento. Ao lidar com o veneno da cobra, se houver até mesmo um átomo de resistência, as chances são grandes de você acabar morto. Então, quando Vasudev mencionou o teste da cobra, pensei em adiar aquele pequeno treinamento para outra hora – talvez outra vida.

Achei que tivesse evitado aquela iniciação até que minha aluna se virou para mim no deserto e disse: "John, o que é Tantra?" No instante seguinte, senti a presa de uma cascavel entrar em minha perna. Acertou o tendão de Aquiles do meu pé direito. O que achei interessante é que fui perfurado por apenas uma presa. Muitas das divindades tântricas têm um olho, um dente da frente ou um seio. Então, foi uma mordida tântrica não-dual.

Quando a presa entrou, pude sentir sua picada potente. Eu não queria assustar minha aluna, então disse: "Sabe, realmente deveríamos voltar. Vou tentar responder à sua pergunta sobre o Tantra um pouco mais tarde." Eu não disse a ela que tinha sido mordido.

Eu sabia que seria uma boa ideia não andar muito apressadamente – não queria bombear o veneno pelo meu corpo muito rapidamente. Quando voltei para a cabana, informei a todos os meus alunos que uma cascavel havia me picado. Curiosamente, esse tipo de cascavel tem um veneno muito potente que é uma neurotoxina, muito parecido com o da naja; é um parente da Mojave verde que vive em alguns dos desertos de Arizona e da Califórnia.

Há um pequeno hospital em Todos Santos. Eu poderia ter sido levado para lá em questão de minutos e receber antiveneno para neutralizar a picada. No entanto, no momento em que fui mordido, uma visão de meu professor tântrico veio a mim, e eu soube imediatamente, "Ah! Ah, acho que é isso." Foi uma visão clara – ele estava repousando no céu bem na minha frente, olhando para mim com um leve sorriso no rosto, e eu sabia o que tinha que fazer. Eu realmente não tive escolha. Não fui para o hospital.

Bem, definitivamente não estou sugerindo que, se uma cascavel te picar, você não deve ir ao médico e obter assistência médica imediata. Talvez você receba a bênção, de certo modo, simplesmente lendo a história dessa experiência, e isso é tudo o que é necessário. Se você for mordido, vá ao médico!

Inicialmente, entrei em um estado não dual muito poderoso. Em algumas tradições, esse estado é descrito como uma abertura do terceiro olho, onde você vê e experimenta tudo como totalmente conectado, todas as formas como um Ser unificado. Você e todas as coisas estão totalmente conectados, não como uma ideia ou um conceito, mas como uma realidade efetiva. Você experimenta todas as formas como absolutamente contínuas consigo mesmo. Em todos os aspectos do seu ser, você é absolutamente contínuo com todo o resto. Existe uma interpenetração de tudo. A visão tântrica surge claramente. A consciência da Fonte fundamental surge inequivocamente. Para mim, esse estado muito puro de consciência e de interconexão da forma durou várias semanas. Claro, eu fiquei paralisado ao mesmo tempo, pois o veneno da cascavel subiu pela minha perna e a paralisou. Fiquei um pouco preocupado, de fato, quando a paralisia começou a subir pelo meu tronco.

Se a paralisia tivesse atingido os pulmões ou o coração, provavelmente eu teria morrido. Mas minha escolha tântrica havia sido feita. Entregar-me a este incrível despertar foi tão poderoso que me deixei mergulhar nele completamente e permiti que a experiência da paralisia simplesmente fosse parte do processo. Não foi nada especial.

Depois que Vasudev mencionou a necessidade de transmutar o veneno mortal, sempre me perguntei por que alguém passaria por essa experiência. Seria para ter um gostinho do estado primordial, desperto, libertado? Era disso que se tratava? Bem, era mais do que isso.

A próxima coisa que começou a acontecer foi que muitos dos meus bloqueios internos – todas as coisas que estavam em meu ser e bloqueavam a manifestação natural do estado liberto – começaram a surgir como meus demônios internos. Raiva, ódio, preocupação, medo, ganância, pesar, tristeza, ciúme, inquietação, ansiedade – todas as emoções negativas que você possa imaginar – surgiram em mim em um momento ou outro durante essa experiência. Quando essas emoções surgiram, elas me possuíram completamente.

Desse estado de puro nirvana, de pura imersão na visão sagrada, meus demônios surgiram. Todos os bloqueios que haviam me impedido de repousar de maneira duradoura na Fonte foram empurrados para a superfície pela poderosa energia da picada da cascavel. Eles tiveram que surgir, porque eu não havia conquistado, real e plenamente, o direito de permanecer na experiência liberta. Eu a havia recebido da Natureza, dos seres iluminados que trabalharam comigo e pela graça de meu professor, mas ainda não feito por merecer. O processo de realmente conquistar a energia e a consciência despertas consistia em abraçar cada um dos demônios que ainda estavam dentro de mim.

Então, pelos próximos cinco meses, abracei todos os demônios que você pode conceber. Eles estavam surgindo de dentro; eu não conseguia expulsá-los. A verdade dos meus próprios bloqueios criou a capacidade deles me possuírem. Nada funcionou, exceto lidar com cada emoção demoníaca com relaxamento completo e total, uma presença precisa no agora e confiança e entrega absolutas. Relaxando nas garras ferozes de cada demônio, eu os carregava comigo para a Fonte absolutamente primordial e sem forma, para a essência do coração universal.

Novamente, esses demônios não eram demônios externos que vieram me buscar. Eles surgiram naturalmente de dentro. Eles eram minhas próprias emoções negativas e bloqueios. Esses eram meus próprios demônios pessoais; eles me possuíam e eu os possuía. Durante os cinco meses em que me possuíram, eles logo me forçaram a descobrir o poder do Tantra. Nada mais funcionava – nenhuma purificação, nenhum ritual, nenhuma cerimônia e nenhum antídoto. Apenas uma coisa funcionava; quando um demônio surgia, eu simplesmente o acolhia intimamente no abraço tântrico de pura consciência e energia livre. Percebi que cada vez que abraçava um demônio, se o abraçasse profundamente em seu coração com a essência de meu próprio coração, chegava à mesma Fonte absolutamente cristalina e clara de puro Ser. Era a mesma Fonte que permitia que tanto o demônio quanto o meu próprio ser se manifestassem. No nível da pura essência comum, encontrei o ponto da pura união. Era nesse ponto comum de consciência clara e profunda que o demônio se desfazia em energia livre sem forma.

Depois que cada bloqueio emocional demoníaco era transmutado dessa forma, eu tinha um período de bem-aventurança e êxtase – talvez por uma ou duas horas, muitas vezes até seis ou sete horas. Nesse ponto, eu finalmente conseguia dormir um pouco. Então, assim que esse período de descanso terminava, a energia interna empurrava o próximo bloqueio para a superfície e o próximo demônio surgia.

Esse processo durou, literalmente, meses. Ganhei um novo nome entre os moradores de Todos Santos – Don Juan Cascabel. Finalmente, o desfile de demônios surgindo e sendo transmutados desacelerou. Cada vez mais, eu me encontrava em um estado incrivelmente claro – nada de especial, simplesmente claro e leve.

Após cinco meses, a paralisia na minha perna gradualmente cessou, de modo que eu pude andar novamente. Por um longo período enquanto estava transmutando meus demônios internos, eu não podia andar, porque meu pé direito permaneceu paralisado mesmo depois que a perna e o joelho direitos recuperaram a mobilidade. Eu não conseguia fazer nada com o meu pé. Eu nunca havia me dado conta de que, se o seu pé não se levanta – você realmente não tem como caminhar. Foi uma lição e tanto sobre paralisia.

Minha capacidade de me mover e andar voltou bem no final da experiência. Porque não podia ir de um lado para o outro durante todo o episódio, eu simplesmente tinha que estar com ela. Veneno da cascavel pode parecer para alguns de vocês uma forma bastante extrema de atravessar para a vastidão e claridade, mas que presente maravilhoso. Que graça!

Quando voltei para os Estados Unidos depois que a paralisia passou, me encontrei com vários de meus amigos nativos americanos, curadores e curadoras, e quase todos eles disseram: "John, isso é uma bênção". Lembro-me que um deles disse: "Tenho esperado minha vida toda por essa iniciação. Você é tão afortunado".

Antes disso acontecer, eu definitivamente não teria entendido esses comentários; agora eu entendo. Saí me sentindo muito leve e muito livre. Ficou claro que esse processo me ensinou como transformar poderosamente minhas emoções. Ele me treinou nos caminhos da transformação, usando os aspectos do cortar, o tântrico e o de autoliberação para soltar e libertar demônios emocionais. Portanto, esse processo tem sido uma grande bênção para mim pessoalmente e para muitos outros a quem pude ajudar com seus demônios emocionais. Agradeço ao meu professor e à graça da cascavel por essa dádiva.

Você também pode receber essa mesma graça da Natureza, mas sem a cascavel, a naja ou o raio. Você pode recebê-la refinando suas percepções – refinando visão, audição, paladar, olfato, tato, equilíbrio, energia, emoção e pensamento. À medida que se sintoniza melhor com suas percepções da Natureza, preste atenção aos eventos repentinos e surpreendentes. Reconheça quando a graça do Grande Espírito ou a graça da Mãe Terra vem para você. Essas dádivas podem chegar na forma do ruído estridente do esquilo vermelho, ou a folha caindo suavemente no chão à sua frente, ou o grito repentino do jato no céu, ou a quebra de uma onda, ou algo totalmente além qualquer coisa que possamos falar agora. Lembre-se deste ensinamento e do princípio do cortar. Quando a espada do despertar o atravessa e o vão da pura consciência surge, e se você relaxa e se entrega completamente, você tem a possibilidade de um despertar profundo. Entregue-se a ele.

Se você tem um professor humano bom e qualificado que é capaz de descansar na consciência da Fonte pura e transmitir a partir dessa verdade, ele ou ela pode emitir um poderoso som cortante. Frequentemente, é uma sílaba sagrada do sânscrito. Na tradição Zen, há o súbito golpe da vara nos ombros. Ambos os métodos podem acordá-lo, principalmente, se você estiver preso no sono da ignorância. Ambos funcionam para levar as pessoas a uma presença muito precisa e ultrapassar o devaneio e estados bem-aventurados de transe.

A natureza, como exploramos aqui, oferece precisamente esses mesmos tipos de oportunidades. Em um momento incrível, o Grande Espírito pode mover-se pelo corpo da Natureza para ajudá-lo a despertar.

Prática de Atravessar para a Claridade #1: Meditação de Luz Arco-íris

A meditação da luz do arco-íris é uma prática de visualização muito completa. Ela reflete elementos de muitas linhagens e tradições diferentes. Como a cerimônia das onze direções, é uma prática universal, não pertencente a nenhuma tradição ou linhagem em particular, mas em harmonia com todas as grandes. Recebi a prática em si durante várias experiências visionárias quando estava na natureza selvagem em uma *Sacred Passage*. Esta meditação honra e fornece um vínculo muito profundo com a Mãe Terra. Ela é útil para atravessar até a vastidão e claridade, porque nos treina a refinar nossas percepções por meio da visualização; esse refinamento perceptivo nos prepara para usar experiências sensoriais repentinas como oportunidades para despertar e aprofundar a consciência.

A Fase de Prática Sorrindo

- Posicione seu corpo em uma postura muito relaxada e confortável, seja sentado em uma cadeira ou em uma postura de meditação com as pernas cruzadas. Suas costas e coluna devem estar totalmente eretas e retas, mas com uma sensação tranquila. Se você estiver sentado em uma cadeira, certifique-se de que o ângulo em que as panturrilhas caem das coxas esteja em um ângulo reto de noventa graus. Evite apoiar-se no encosto da cadeira - a ereção natural da sua coluna deve ser tudo o que o sustenta. Sinta sua conexão com a Terra por meio de seus pés.
- Encontre um ponto de equilíbrio em seu torso, primeiro repousando a mente no *tantien* inferior e, em seguida, balançando suavemente para trás e para frente. Balance seu corpo muito levemente a partir da pélvis até encontrar um ponto onde toda a parte superior do tronco está em perfeito equilíbrio. Em seguida, balance de um lado para o outro da mesma maneira até encontrar o ponto de equilíbrio; seu corpo não está sendo puxado para frente nem para trás, nem para a esquerda nem para a direita. Para garantir que seu torso esteja perfeitamente equilibrado, mova-se em uma espiral minúscula no sentido horário. Ao encontrar a posição correta, você sentirá uma espécie de conforto e calor naturais no *tantien* inferior. Apenas fique com eles. Você deve ser capaz de manter essa posição equilibrada empregando o mínimo possível de energia.
- Relaxe os ombros e contraia ligeiramente o queixo, de modo que as orelhas fiquem alinhadas diretamente sobre os ombros. Suas mãos podem ser estar gentilmente dobradas ou, então, você pode descansá-las nas coxas, com as palmas para cima ou para baixo. Para a prática de visualização, é melhor fechar os olhos – mas mantenha um estado alerta e presente, mesmo com os

olhos fechados. Coloque a língua gentilmente na parte superior do céu da boca ou atrás dos dentes frontais superiores. Respire profundamente a partir de sua barriga - respirações relaxadas, suaves, fluidas, leves, lentas, delicadas, uniformes e constantes. Escaneie seu corpo em busca de tensão ou ansiedade, e, onde quer que os encontre, libere-os.

- Faça um sorriso interior caloroso e gentil e um sorriso exterior relaxado. Sentindo-se muito confortável e internamente alerta, traga esse sentimento caloroso, amigável e amoroso para seus olhos e, em seguida, deixe-o fluir por todo o corpo, começando pela coroa e descendo lentamente até a planta dos pés.
- Guie a energia do sorriso, com plena consciência, por baixo da superfície da sua pele. Em seguida, repita, penetrando mais profundamente nos tecidos e músculos. Continue, sorrindo amorosamente para todos os órgãos internos, as glândulas endócrinas e outras estruturas internas, os ossos e articulações do esqueleto e, finalmente, para a própria medula óssea.

Fase da Visualização da Luz do Arco-íris

Comece a meditação da luz do arco-íris visualizando uma luz brilhante no céu acima de você. Essa luz irradia como bilhões de sóis juntos. Seu brilho extraordinário preenche todos os reinos universais com raios de luz branca e límpida e todas as cores do arco-íris.

- Veja a luz emanando do Grande Espírito.
- Veja a luz como una com a essência do Deus e da Deusa.
- Veja a luz como a essência iluminada de todos os seres totalmente libertos, particularmente aqueles com quem você tem uma conexão íntima de coração.
- Veja a luz como a manifestação do coração e da sabedoria unificados de todos os Budas, Taras e Bodhisattvas.
- Veja a luz sendo emanada por seres totalmente libertados, como Cristo, a Virgem de Guadalupe, Quetzalcoatl, Krishna, Kali, Shiva, os Imortais Taoístas e Kuan Yin.

- Veja a luz como a essência da Fonte de todos os grandes professores iluminados que já existiram – e de todos aqueles seres compassivos que se comprometeram a servir o bem maior para tudo que vive.
- Veja a luz como a essência natural e radiante e a Fonte prístina de seus professores espirituais humanos nesta vida.
- Veja a luz como sendo idêntica à sua própria Fonte fundamental e à verdadeira natureza mais profunda - a clara luz dentro de você e de todos os outros seres vivos.
- Experimente essa luz irradiando e preenchendo o céu e todo o universo com uma luminosidade incrível. Sua qualidade poderosamente compassiva preenche todo o espaço. Incontáveis filamentos de luz – com as qualidades tanto de raios de luz quanto de gotas ou partículas líquidas – se manifestam em todas as cores do arco-íris, misturadas com luz branca clara. Alguns desses raios, gotas e partículas descem e tocam o topo de sua cabeça.
- Se você está fazendo esta meditação com um círculo de amigos, experimentem a visualização simultaneamente. Se você está sentado sozinho na Natureza, veja todos os seres ao seu redor sendo tocados por esta luz. Quando você tiver uma boa base em fazer esta visualização da luz do arco-íris com um círculo de amigos e com a Natureza imediata, expanda o círculo para incluir todos os seres vivos da Terra.
- Agora a luz se derrama torrencialmente e atinge as copas das árvores, animais, pássaros, plantas, montanhas, pedras, rios, riachos, lagos, oceanos e todos os outros seres. Todas as formas da Natureza experimentam esta meditação junto com você. Eles são seus parceiros, amigos, parentes próximos e entes queridos.

A Fase de Purificação

Visualize um arco-íris líquido infundido com luz branca, brilhante e pura. Esta luz purificadora toca o topo de sua cabeça e as cabeças de todos os outros seres simultaneamente.

- A luz purifica totalmente todas as formas de doenças e enfermidades.
- A luz purifica totalmente todos os obscurecimentos de percepções, emoções e pensamentos.
- A luz purifica totalmente todas as nossas circunstâncias difíceis, passadas e presentes.
- A luz purifica totalmente todo o nosso carma – particularmente apegos, aversões e ignorância.
- A luz purifica totalmente a negatividade em todas as suas formas.
- A luz se move sobre a superfície e desce pelo alto da cabeça; em seguida, ela lava a superfície da pele, fáscia, músculos, ligamentos e tendões. Ela flui sobre sua testa, rosto, olhos, nariz, bochechas, lábios, boca e gengivas; ela desce e atravessa o queixo, desce pelos lados da cabeça, pelas orelhas, desce para atrás da cabeça, segue para a frente do pescoço e para a nuca. Novamente, enquanto isso está acontecendo com você, também está acontecendo com todos os outros seres na Terra.
- Visualize a luz radiante, brilhante e purificadora movendo-se por seu ombro esquerdo, descendo pela parte superior do braço esquerdo, cotovelo, antebraço, mão e saindo pela palma e dedos. Repita esta visualização para o ombro direito, braço, etc.
- Agora a luz flui através da pele e dos músculos do seu peito e abdômen, na frente e nas costas, purificando completamente tudo que toca à medida que desce pela parte superior e média do tronco. A luz flui pelos lados do corpo e na lombar, pelve e quadris. Ela passa sobre a pele macia, tecidos e músculos de suas coxas, joelhos, panturrilhas, tornozelos e calcanhares, depois através do arco e do peito do pé e sobre a pele e os músculos dos dedos dos pés.
- Traga gentilmente sua consciência de volta para o topo de sua cabeça. A luz incrivelmente radiante do branco e do arco-íris está no céu acima de você, derramando-se torrencialmente em sua coroa.

- À medida que começa sua segunda viagem, mais interna, pelo corpo, a luz entra nos órgãos, começando pelos pulmões e pelo coração. Sinta-a limpando o ar e os sistemas circulatórios conforme você inspira e expira; sinta-a purificando seus pulmões e o sangue enquanto ela se move por suas veias e artérias, indo até as extremidades.
- Desça a luz pela garganta, esôfago, estômago, baço, pâncreas, fígado, vesícula biliar, rins, bexiga e intestinos grosso e delgado. Finalmente, a luz brilhante e purificadora se move através de seus órgãos reprodutores.
- Veja todo esse processo se desdobrar em você e em todos os seres da Natureza.
- Trazendo sua consciência para seu sistema nervoso, veja seu cérebro se encher de luz branca e de arco-íris. Veja essa luz fluindo pela coluna vertebral e irradiando-se por todas as fibras nervosas ao longo da coluna, preenchendo gradualmente cada célula nervosa de todo o corpo.
- Agora visualize a luz entrando em seu sistema endócrino, preenchendo a glândula pineal no centro da cabeça, transbordando para a hipófise e passando pelo tálamo e hipotálamo dentro do cérebro. Ela continua a descer para as glândulas tireoide e paratireoide no pescoço e, em seguida, para o timo, logo abaixo do centro do esterno. Experiencie a luz luminosa descendo para as glândulas supra-renais. Visualize-a purificando seu baço e seus ovários ou testículos. Perceba que esta luz se move por todos os seres da Natureza enquanto se move por você.
- Veja a luz branca e de arco-íris se movendo e purificando toda a sua estrutura esquelética, desta vez enfatizando a medula óssea. Faça que ela desça a partir do crânio, passando pelos ossos, articulações e medula óssea do pescoço, ombros, braços, mãos, parte superior da coluna, caixa torácica (frente e costas) e esterno; e então flua por toda a coluna até o cóccix, a cintura pélvica, o sacro e os ossos da perna e do pé.

- Experimente essa luz purificando seus chakras, corpo de energia e todos os meridianos e canais de *qi* do seu ser físico. Veja-a se movendo de cima da sua cabeça até abaixo dos seus pés. Observe enquanto ela limpa e purifica o chacra coronário, o terceiro olho, o chacra da garganta, o chacra do coração/timo, o chacra do baço/plexo solar, o *tantien* (logo abaixo do umbigo) e o chacra raiz. Visualize a luz purificando todos os meridianos do *qi* sobre a superfície de todo o seu corpo, da cabeça aos pés. Agora veja esta luz branca e de arco-íris purificando e limpando os meridianos e chakras de energia de todos os seres que você vê compartilhando esta prática de cultivo com você.
- Enquanto a luz circula, experimente seu brilho purificador dissolvendo bloqueios, limpando obscurecimentos e transmutando energias negativas. A energia da força vital obsoleta e estagnada também é purificada. Todas essas negatividades fluem para fora do organismo como substâncias, sólidos, líquidos, gases e energias escuros de seus poros, uretra, ânus e solas de seus pés. A Mãe Terra recebe essas substâncias como presentes seus e de todos os seres e as transmuta em solo fertilizado.

A Fase de Empoderamento e Regeneração do Céu

Repita a sequência da fase de purificação delineada acima, permitindo que a luz branca límpida e do arco-íris flua por todo o seu corpo físico e energético. No entanto, nesta segunda repetição da visualização, deixe que a ênfase seja no fortalecimento e na regeneração de todo o seu ser. Demore o tempo que for necessário para sentir a plenitude desta fase nos níveis físico, energético, emocional, mental e espiritual. Como antes, enquanto faz esta prática para si mesmo, visualize todos os outros seres na Mãe Terra compartilhando esta prática de cultivo.

A Fase de Purificação e Cura para a Mãe Terra

Mais uma vez, pela terceira vez, a luz branca e do arco-íris flui torrencialmente Céu abaixo, através de você e de todos os outros seres, para a Mãe Terra. Enquanto viaja, ele cura todos os abusos humanos de Gaia. No processo, todos os seres na superfície do nosso planeta se unem para se tornarem condutos da luz do Céu. Permita que a luz se mova para dentro e através da superfície da Terra – seus oceanos, lagos, rios, continentes, montanhas, desertos, florestas e pradarias. Em seguida, imagine-a fluindo mais profundamente no solo, nas rochas, na areia, no manto e no substrato. Veja-a afundar gradualmente no magma, finalmente fluindo para o centro do coração brilhante e vermelho-alaranjado da Mãe Terra.

Em sua visualização, todos os seres em Gaia recebem essa luz celestial e a passam para o centro da Terra, que é energicamente pulsante. A luz limpa e cura todos os obscurecimentos humanos que afetam a saúde de Gaia, como guerra, doença, fome, poluição da água e do ar, depósitos de lixo tóxico, lixo nuclear, chuva ácida, desmatamento e destruição dos habitats e ecossistemas de seus companheiros seres vivos.

A Fase de Regeneração para a Mãe Terra

Depois de sentir que a limpeza e a cura de Gaia estão completas, banhe novamente toda a Gaia com luz celestial, dessa vez com ênfase no rejuvenescimento e regeneração da Terra. Não se apresse, visualizando todos os estágios anteriores.

Agora, a luz branca e a do arco-íris, em comunhão com as qualidades únicas de Gaia, começa a se expandir do núcleo da Terra de volta à superfície. Sua fusão com a substância do coração vermelho-laranja de Gaia transmutou a luz em um ouro brilhante. Esta luz dourada continua a irradiar para fora em direção à superfície da Terra, preenchendo cada estrato até que toda a Gaia seja regenerada e rejuvenescida.

A Fase de Empoderamento da Mãe Terra

Agora, essa luz dourada jorra da Terra para os seus pés, dentro dos pontos da Fonte Borbulhante. Ao mesmo tempo, a luz se irradia pelas raízes, pés e pontos de contato de todos os seres na superfície da Terra. Permita-se a experiência física, energética e espiritual de união com Gaia enquanto visualiza esta fase da meditação. Este amoroso empoderamento da Terra fundamenta e regenera você e todos os seres que compartilham esta prática de cultivo com você.

- Visualize a luz dourada de Gaia fluindo por todo o seu corpo, empoderando cada parte de você, dos pés à coroa, da superfície da pele ao núcleo. Inclua, como antes, a visualização da luz dourada movendo-se por todos os sistemas de órgãos, chakras e meridianos de energia. Veja-a fluindo lentamente – como luz dourada líquida – subindo por ambas as pernas, através da área pélvica, subindo pela parte inferior do abdômen e costas, na parte superior do tórax e nas costas, saindo pelos ombros, braços, mãos e dedos, e então fluindo através do pescoço e sa cabeça até a coroa. Enquanto você visualiza esses fluxos, sinta que Gaia está fortalecendo e regenerando você com seu poderoso *qi*.
- Você experimenta um renascimento, energeticamente e em sua alma também. Seu primeiro nascimento foi de sua mãe humana; desta vez você renasce do ventre da própria Gaia. Você recebeu totalmente a transmissão e o empoderamento de Gaia. Você agora é uma força para que Gaia cure a divisão entre as pessoas e a Natureza.
- O espírito e a energia da Mãe Terra envolvem você e todas as formas de vida em sua luz dourada. Esta bênção da comunhão naturalmente gera sentimentos de tremendo amor e apreciação dentro de você.

A Fase de Comunhão de Céu e Terra

A luz dourada da Mãe Terra flui através de você e de todos os seres, subindo de seus pés até a coroa, e então se eleva acima de vocês, onde se funde com a luz branca límpida e do arco-íris nos céus. Esta união extática do Céu e da Terra causa uma magnificação do *qi* do Céu, de forma que a luz do Céu agora flui para baixo com ainda mais força.

À medida que flui através de você e de todos os seres para a Terra, ele se une à energia dourada da Terra que, por sua vez, é inspirada e ampliada. Você e todos os seres experimentam a troca e fusão simultâneas das energias tântricas do Céu e da Terra. Nesta comunhão poderosa, todos os campos de energia individuais tornam-se grandemente magnificados e entrelaçados.

A Fase de Transmutação da Mãe Terra

A troca contínua e fluida de energia do Céu e da Terra através de você e de todos os seres da Terra agora se expande horizontalmente. Você vê uma infinidade de fios multicoloridos de luz sendo emitidos de todas as células do seu corpo, estendendo-se para tocar todos os seres próximos. Essas fibras cintilantes laterais crescem em brilho e se estendem de você para todos os outros seres em Gaia. Uma radiação de trilhões de filamentos de luz agora interconecta todos os seres. Os filamentos de luz são uma matriz das cores do arco-íris, dourado e branco. Conforme essa matriz de luz totalmente entrelaçada se desdobra, ela cura todas as negatividades e obscurecimentos restantes que afetam os humanos e outras formas de vida. Gaia é, então, completamente regenerada e renovada.

A Terra inteira começa a se transformar, transmutar e manifestar como um corpo de luz. Ela se torna uma esfera de arco-íris dourado de luz poderosamente radiante. Você se tornou um com Gaia, que se transmutou em um ser de luz resplandecente. Esse ser Terreno de luz se eleva ao Céu enquanto a luz indescritivelmente brilhante do Céu desce para encontrá-lo. Os dois se fundem em profunda união.

A Fase de Libertação Universal

A partir dessa fusão total, ocorre uma tremenda amplificação. Todos os raios de luz branca, do arco-íris e dourada se expandem ainda mais, preenchendo todo o espaço e todas as formas do universo. Esses raios curam, renovam e libertam todas as formas que tocam, seja um ser senciente individual, um planeta, uma estrela ou uma galáxia.

A Fase de Conclusão Perfeita

Os raios libertadores da grande luz, agora irradiando por todo o espaço, tocam todas as formas imagináveis e além. Os raios contatam todas as formas, que então se tornam seres luminosos e livres, assim como Gaia, e são poderosamente atraídos para a grande luz central da Fonte. Tudo se funde novamente com a luz pura da consciência Fonte.

- Visualize a luz da Fonte condensando-se em um átomo primordial. Todas as formas, energias e matéria do universo estão concentradas neste único átomo primordial. Este átomo solitário contendo todas as formas, todas as energias, todas as emoções e todos os pensamentos irrompe, então, no espaço ilimitado. Uma radiância incrível preenche a vastidão do cosmos; então, assim como um arco-íris se dissolve no céu, o brilho se dissolve na amplitude infinita do universo.
- Descanse nessa amplitude e clareza naturais, reconhecendo essas qualidades como nada mais nada menos que a clara luz e o espaço da própria consciência da Fonte sem forma. Descanse nessa consciência clara, pura e vazia. À medida que as percepções e outras formas começam a surgir – visão, audição, paladar, tato, olfato, equilíbrio, energia, pensamento e emoções – simplesmente reconheça-os como o surgimento e a dissolução dos fenômenos dentro da consciência da Fonte primordial. Permaneça nesse estado o máximo possível.

Quando você estiver pronto para se mover, gentil e silenciosamente entre em atividade – mas continue a manter o reconhecimento da consciência da Fonte como a fonte de todas as sensações, percepções, pensamentos e emoções. Perceba a consciência da Fonte como o campo supremo dentro do qual todas essas formas se manifestam e se dissolvem, de momento a momento. Mantenha essa visão sagrada durante todas as atividades normais de sua vida.

Retornando à Fonte

Até agora, este livro forneceu princípios e práticas que podem ajudar a guiá-lo a experimentar a Natureza como seu templo, igreja, mestre, guia e companheira em tudo o que você faz. Você agora está pronto para experimentar a Natureza de uma maneira que pode levá-lo à inconcebível infinitude da consciência da Fonte – o próprio fundamento de seu ser e de toda a Natureza. Agora você vai explorar esse mistério ilimitado e enorme dimensão do cultivo espiritual com a Natureza selvagem. Sua consciência pode se expandir para abraçar um terreno anteriormente desconhecido.

O princípio final deste livro é retornar à Fonte. Retornar à Fonte é uma expressão que se refere à realização espiritual final. Os budistas chamam esse estado de "despertar" ou "iluminação"; os cristãos falam em alcançar a Cristandade ou Consciência de Cristo; os hindus o descrevem como tornar-se livre ou ser um com Deus e Deusa. Os taoístas referem-se a isso como "realização do Tao" e como se tornar "o Integral". Os praticantes de Dzogchen referem-se à "plena realização" e ao "completo reconhecimento". Embora seja expressado de forma diferente em várias tradições, o retorno à Fonte se resume essencialmente à mesma coisa – uma dissolução do ego, a ilusão de um eu sólido e separado no campo maior que une e sustenta a Terra, o universo e todas as formas do cosmos, interno e externo.

Na verdade, a natureza última nada mais é do que a própria Fonte primordial pura. Claro, Fonte é um conceito desafiador de explicar. É como tentar descrever o Tao indescritível e inefável, "o Caminho", que não pode ser falado ou explicado.

Tendo dito isso, dê-me um sorriso e perdoe-me por me esforçar para transmitir uma ideia do que quero dizer com Fonte. Aplicando o que aprendeu com relaxamento e presença, você poderá apreciar melhor os ensinamentos sobre forma, ausência de forma e a Fonte que se seguem.

Cada um de nós retorna à Fonte inúmeras vezes a cada dia. Sempre que percebe algo na Natureza ou em outro lugar, você experimenta esse objeto em sua existência imediata e descontraída, livre de sobreposição conceitual. Ela simplesmente é. Uma fração de segundo depois, suas interpretações intelectuais e respostas emocionais são ativadas, transformando tudo o que você percebe no "outro", algo ao qual você está condicionado a se relacionar de uma certa maneira habitual. Há um instante subjacente ao imediatismo da percepção e depois a ilusão de separação. Há um espaço claro entre um pensamento que surge e o próximo evento. Algumas tradições podem descrever esse momento como a lacuna entre os pensamentos. Neste espaço de puro vazio, a Fonte nua é revelada. Ao falar sobre isso, sempre me lembro do maravilhoso Sutra do Coração budista, que declara todas as formas como fundamentalmente sem forma. De muitas maneiras, essa visão exemplifica a dança mágica que todos nós temos com a Natureza.

O Sutra do Coração também diz, "forma é ausência de forma e ausência de forma nada mais é do que forma". Toda essa exibição incrível de forma que dança ao seu redor no seu ambiente imediato está contínua e constantemente surgindo das profundezas da ausência de forma. Portanto, vemos que a ausência de forma nada mais é do que forma. Ainda assim, a sempre mutante forma é desprovida de forma. O que existe agora está evanescendo. O que existia agora mesmo já se foi. Portanto, vemos que forma é vazio.

Uma ironia associada é que você se torna ciente da verdade do vazio por meio da forma de suas percepções. Este é um paradoxo e tanto para refletirmos. O mistério inerente ao mundo da forma surge de uma grande consciência primordial, absolutamente clara e espaçosa. Esse vazio não tem nenhum conteúdo ou qualidade particular. Ainda assim, desse vazio subjacente, que estamos chamando de "Fonte", surge todo o mistério do mundo da forma. Desta visão sagrada (que tudo surge da Fonte), também se observa que todas as formas se dissolvem de volta na Fonte. Todas as formas estão em um estado de surgimento contínuo da Fonte original, manifestando-se no campo da Fonte e, então, dissolvendo-se de volta na Fonte primordial. Observando essa interação de forma e ausência de forma, você começa a descobrir um aspecto mais fundamental de sua natureza interna.

Muitos que se dedicam ao cultivo espiritual param em algum lugar do mundo da forma espiritual e podem atingir altos níveis de profunda união com todos os outros seres. É uma realização tremenda experimentar uma unidade abrangente com todas as plantas, animais, árvores, rochas, lagos, riachos e até mesmo com a própria Mãe Gaia. Experimentar um estado de comunhão contínua com todos os outros seres proporciona grande alegria e extraordinária bem-aventurança. No entanto, existem níveis ainda mais profundos da verdade última. Pode-se até saborear o que está além de todos os níveis, categorias e descrições.

Descobrir a Fonte pura e absoluta está além de qualquer qualidade particular que alguém experimenta ao se comunicar com a forma. É semelhante à clareza de um espelho. Um espelho sustenta todas as formas e reflete todas as formas. Visualmente, ele é uma amplitude ilimitada, que está perfeitamente vazia. A refletividade perfeita e cristalina do espelho permite que todas as formas surjam, se manifestem e se dissolvam. Reconhecer essa clareza imaculada e vasta amplitude subjacente ao âmago da natureza interna e externa é a prática definitiva da natureza. Pode nos levar a um estado de liberdade completa, até mesmo libertação perfeita.

Se você se sentir preso em sua situação atual, estará preso exatamente no oposto do estado de libertação. Você pode se ver caindo em um ciclo de apego e aversão. Quando se encontra preso a esse padrão, você está definitivamente ignorando a verdade do seu eu fundamental – a consciência pura e clara.

Quando a pessoa reconhece que a consciência sem forma é absolutamente indestrutível, a liberdade que ela obtém é indescritível. Neste estado liberto, saboreia-se o aspecto selvagem da Natureza em seu sentido último – a Fonte sem forma. Não existe natureza mais vasta do que esta consciência absoluta, prístina e clara repousando em si mesma. A exibição de formas apenas enriquece a Fonte, uma dança mágica de extrema criatividade. Esta é a verdadeira natureza que sustenta a todos nós.

A natureza externa aponta para isto constantemente – se você apenas ouvir o que está ouvindo, se você apenas ver quem está vendo, se você apenas sentir aquilo que está sentindo. Permitindo que a Natureza seja o seu verdadeiro professor, você descobre o indescobrível.

Acolhendo todas as formas

Em muitas tradições, há uma ênfase em negar a Terra, negar a matéria, negar este mundo de forma. A razão pela qual essas tradições rejeitam a forma e a matéria é para direcionar os praticantes para a apreciação do Espírito, da alma e até da essência sem forma. Essas linhagens também se preocupam com o fato de que os apegos e as aversões relacionadas à forma estão entre as principais causas de obscurecimento da verdade espiritual mais profunda. Os laços que nos prendem são os laços de apego e aversão que nos mantêm firmemente presos à ignorância de nossa verdadeira natureza. Portanto, eles descartam os reinos terrenos da forma em favor de abraçar a essência pura e sem forma do Grande Espírito, de Deus e da Deusa. É possível negar a forma dizendo: "Não, a verdade última não é isto ou aquilo". Essa prática de negação pode levá-lo à verdade sem forma, mas não é necessariamente a única maneira de chegar à Fonte fundamental.

Outra maneira de chegar a esse entendimento é abraçar todo o mundo da aparência e o mundo da forma com um sonoro "Sim!" Tudo é experimentado como um surgimento fenomenal – uma exibição da Natureza primordial, que é o mistério sem forma original subjacente à dança de todas as formas. As formas surgem da, manifestam-se internamente e se dissolvem de volta na ausência de forma a cada momento. A forma nada mais é do que a ausência de forma, a ausência de forma nada mais é do que a forma.

Com essa visão, abraça-se toda a Natureza. Então, todo o cosmos se torna um professor que você honra. Simplesmente se aprofunda o reconhecimento da Fonte clara sustentando todas as formas, tanto internas quanto externas. Não há negação ou denúncia de nada no mundo da Natureza. Seus pensamentos, emoções e percepções se tornam seus professores. A única coisa que está sendo pedida a você é que se entregue a essa verdade tão lindamente articulada no Sutra do Coração. Quando alguém atinge essa realização, todo o mundo da forma e da matéria pode levá-lo para a natureza selvagem, livre e aberta da própria consciência Fonte.

Nos tempos antigos, o mestre taoísta Lao Tzu ofereceu a seguinte recomendação para retornar à Fonte:

> Esvazie-se de tudo. Deixe a mente descansar em paz. Deixe 10.000 coisas surgirem e caírem, enquanto o self observa o retorno delas. Elas crescem e florescem e então retornam à Fonte. Retornar à Fonte é quietude, que é o caminho da Natureza. O caminho da Natureza é imutável.

Esta é uma das minhas citações favoritas do *Tao Te Ching*. Este incrível compêndio de sabedoria e *insight* da tradição taoísta da China tem várias passagens que falam precisamente sobre essa discussão sobre a Fonte e a forma. Eu frequentemente me sento e contemplo a essência dessa citação para me conectar com a consciência da Fonte primordial, que em Chinês é o Tao.

Milhares de anos depois de terem sido escritas, essas palavras continuam a ressoar com a verdade. Eu recomendo que você sente com esta citação e deixe-a carregá-lo. Porque tudo se origina na Fonte e inevitavelmente retorna a ela, todas as formas são inatamente livres no processo natural de surgimento e desaparecimento. Nós próprios somos libertados apenas na medida em que nos entregamos a este processo. Entregues, nós continuamos no fluxo do Tao ininterrupto, deleitando-nos com as aparições espontâneas da Natureza e descansando no reconhecimento contínuo da Fonte.

Despertar na Hora do Sonho

Uma experiência poderosa na abertura da Fonte veio a mim como uma bênção de um dos meus principais professores, Dilgo Khyentse Rinpoche. Uma noite, enquanto dormia, tive um sonho lúcido muito poderoso – o tipo de sonho em que você está bem desperto e tudo acontece com a clareza de cristal. Eu vinha praticando intensamente o Dzogchen na natureza selvagem, em uma montanha. Acho que essa prática, junto com uma profunda devoção ao meu professor, realmente ajudou a apoiar a abertura desse estado de sonho em particular.

Meu professor, vários outros monges e eu estávamos sentados juntos em um salão grande e com muitas luzes. Havia um círculo de monges ao nosso redor e eu estava sentado na frente de Dilgo Khyentse com dois outros monges que se aproximaram dele e ofereceram um lenço de bênçãos. Ele pegou o mala, um rosário budista, abençoou-os enrolando-os nas mãos e depois os devolveu. Quando chegou a minha vez, levantei e me sentei bem perto de Dilgo Khyentse, de frente para ele. Olhamos profundamente nos olhos um do outro. De repente, ele estendeu a mão, gentilmente segurou minha cabeça e pescoço e silenciosamente me puxou para frente – ainda mantendo nosso olhar. Nós dois nos inclinamos mais para frente e o topo de nossas cabeças se tocou. Naquele momento, houve uma abertura incrível da consciência da Fonte absolutamente luminosa e cristalina que engoliu tudo – uma consciência vasta, espaçosa e clara além de qualquer coisa que eu já havia experimentado. Desse espaço livre surgiu o som "Ahhhhhhh." Minha individualidade se fundiu naquele som e na luminosidade espaçosa. A dádiva dessa iniciação na Fonte permaneceu desde então.

Caverna de Meditação Nepalesa

Vários anos atrás, tive a boa fortuna de levar uma dúzia de meus alunos para um retiro espiritual de um mês nos Himalaias, a cerca de 18.000 pés (5,5 km) de altitude. Fizemos nossas imersões individuais da *Sacred Passage* em um local incrível – no topo de um cume íngreme entre o Kanchenjunga (que tem 28.146 pés ou cerca de 8,5 km) de um lado, o Everest (29.028 pés, 8,8km) e o Makalu (27.790 pés, 8,5 km) do outro lado. Guiei esse grupo de alunos a um local que eu nunca tinha ido, mas sobre o qual havia pensado durante anos quando estava trabalhando para ajudar a criar os Parques Nacionais Langtang e Sagarmatha.

Nosso cume escolhido se erguia diretamente ao norte da planície do Nepal, elevando-se em direção ao Tibete entre os maciços montanhosos mais altos do mundo. Levamos cerca de dez dias de escalada constante apenas para chegar lá. Quando chegamos à zona alpina escolhida para nosso retiro, deixei que todos escolhessem seu local de acampamento solo. O grupo estava espalhado ao longo do alto cume, com declives acentuados em ambos os lados. Fui até a extremidade mais elevada, no sentido norte, e encontrei um lago azul pequeno e incrivelmente belo, onde montei acampamento.

Durante uma exploração da área, descobri uma caverna de meditação absolutamente perfeita que parecia não ser usada há anos. Era uma caverna de meditação em forma triangular entalhada no centro do cume. O chão da caverna estava coberto de ervas de cheiro adocicado, exalando um aroma maravilhoso, um tanto semelhante ao de sálvia. Uma plataforma de pedra saia do chão e se projetava para o céu. Logo abaixo, havia um precipício de 300 metros até o acampamento onde eu tinha minha barraca. Quando olhei para a direita, havia um a queda de 17 mil pés (5,2 km) até um desfiladeiro e, além do desfiladeiro, erguiam-se os Montes Everest e Makalu. Olhando para a esquerda, eu podia ver o enorme Kanchenjunga. Além do meu acampamento, que estava situado abaixo de mim, o cume descia milhares e milhares de pés nas planícies do Nepal e da Índia.

Não havia dúvida em minha mente que essa caverna havia sido usada para prática espiritual profunda por um longo período de tempo. A presença de todos os grandes mestres e da Grande Natureza nessa caverna parecia apoiar minha prática neste local. Meditei na caverna e descobri que, em alguns poucos dias, fui capaz de entrar em um estado profundo de Fonte pura, simplesmente descansando na consciência Fonte. Enquanto eu estava meditando diretamente para o céu, manifestações maravilhosas de arco-íris circulares apareceram no céu diante de mim. Depois de seguir cultivando por mais dias, até mesmo partes do meu corpo pareciam estar se dissolvendo em luzes das cores do arco-íris. Senti que todas essas experiências de dissolução da forma em raios e luz foram a bênção de todos os meus professores e dos mestres que meditaram aqui muito antes de mim.

Prática Descansando na Fonte #1: "Quem Sou Eu?"

Uma exploração da forma, ausência de forma e retorno à Fonte pode parecer desafiadora ou difícil de entender. Portanto, a melhor maneira de promover a compreensão dentro de si mesmo, e de em última instância incorporar essa realização, é simplesmente fazer algumas práticas.

Uma excelente prática inicial para explorar a consciência da Fonte vem da tradição hindu. O grande mestre hindu Ramana Maharshi aperfeiçoou uma prática que costuma ser chamada de "Quem Sou Eu?". Às vezes, esse processo é descrito como auto-investigação, que é uma prática que explora a verdade de quem você é em sua verdadeira natureza. Ela começa elegantemente com a colocação de uma pergunta simples: "Quem sou eu?"

Você estará olhando para si mesmo, para a sua verdade única – a verdade de ninguém mais. Essa não é uma verdade sobre o que sua família lhe contou, o que seus amigos lhe dizem ou o que seu amor lhe diz. Não se trata de nenhuma das identidades que você se convenceu de que é. Trata-se de encontrar o que realmente você é. O que mora dentro que é permanente e imutável?

Esta pergunta, "Quem sou eu?", busca a verdade permanente e indestrutível. À medida que você busca investiga quem você é, qualquer resposta que não tenha em si a qualidade de verdade permanente e imutável é descartada.

Ramana Maharshi desenvolveu essa prática com a Natureza em uma bela encosta no sul da Índia. A Natureza permite que você solte suas identidades falsas, à medida que o aspecto essencial de quem você realmente é se manifesta. Além disso, seu condicionamento cultural e sua orientação urbana são despojados mais facilmente na Natureza.

- Encontre um local lindo e tranquilo na natureza – um lugar sem distrações externas. Retorne a uma consciência centrada e clara dentro de você e gere um clima de relaxamento natural e bondade no coração. Ao fazer essa prática, você deixará cair muitas identidades que talvez pensasse serem você. Sinta o alívio de poder abrir mão de qualquer necessidade de se agarrar a uma identidade concreta ou rígida. Sinta a liberdade. Você pode finalmente descartar rótulos desnecessários e identificações indesejadas. Mantenha uma atitude cuidadosa e gentil quanto à liberação desse excesso de bagagem.

- Comece perguntando a si mesmo: “Quem *sou* eu, quem sou eu em um nível muito verdadeiro e profundo?” Cada vez que você se pergunta: “Quem sou eu realmente, no nível mais profundo?” descarte ou rejeite qualquer coisa que não seja absoluta e imutavelmente verdadeira. Explore isso por alguns minutos ou mais em silêncio.

- Continue essa investigação fazendo perguntas semelhantes às descritas abaixo e respondendo com sinceridade ao longo das linhas indicadas em cada pergunta.

- Eu sou meu nome?
  Não, claro que não, essa é uma coisa muito temporária.

- Eu sou minha família?
  Não, ela também é composta por relações passageiras.

- Eu sou o que meus amigos me disseram que sou?
  Eu tenho muitas identidades com amigos diferentes. Meu mesmo amigo me conta coisas diferentes sobre quem eu sou em momentos diferentes.

- Eu sou as roupas que visto?
  Improvável. Elas mudam constantemente.

- Eu sou o carro que dirijo?
  Essa é obviamente uma avaliação superficial de quem você é, revelando nada mais do que suas preferências.

- Eu sou a escola que frequentei?
  Você é os professores que te ensinaram? Você é as salas de aula que ocupou por algumas horas? Você é os livros que leu ou os exames que fez? O aprendizado escolar vem e vai.

- Eu sou o treinamento que recebi?
  Claro que não. Seminários e workshops são eventos variáveis. Os fatos vêm e vão. O que é relevante agora pode não ser amanhã.

- Eu sou minha conta bancária?
  Ela é apenas um fluxo constante de freios e contrapesos, mudando constantemente.

- Eu sou minha carteira financeira?
  Com os caprichos do valor flutuante, não há nada permanente aí.

- Eu sou meu trabalho?
  Mesmo que sua profissão seja algo importante para você, ainda assim não é imutável. O que você faz a cada dia é diferente, embora possa parecer o mesmo. Nunca há exatamente a mesma folha de papel na mesa diante de você. O jogo de luz em sua mesa muda constantemente, e as roupas que você veste nunca são as mesmas. A maneira como você interage com seus associados no escritório nunca é idêntica.

- Se eu não sou tudo isso, posso dizer que sou este corpo?
  Seu corpo não é uma coisa permanente. Seu corpo está mudando constantemente. Quando você foi concebido, você era apenas a união de duas células de sua mãe e de seu pai. Durante o nascimento, durante todo o processo de se tornar um adolescente, e depois crescer até a meia-idade e envelhecer até se tornar um cidadão idoso, finalmente, chegando à morte, não há um único momento em que haja qualquer tipo de essência estável e permanente em seu corpo, que está constantemente mudando. O corpo com o qual você está tão identificado, que acredita ser você, é simplesmente uma exibição mágica que está constantemente mudando. Nunca é o mesmo. Nunca foi o mesmo e nunca será o mesmo. Não é o mesmo de um segundo para o outro. Cada célula do seu corpo está em constante transformação. Portanto, cada célula, tecido, sistema de órgãos e todas as outras partes do corpo estão em constante transformação. Mesmo a circulação do fluxo sanguíneo nunca é a mesma de um momento ao próximo. Seu corpo está continuamente recebendo e distribuindo elementos. Não há nenhum ponto em que você seja o mesmo. Portanto, esse corpo também é um fenôme-

no passageiro, um mistério comovente. Não tem uma realidade permanente e substancial, apenas uma realidade mutável.

- Eu sou meus sentimentos? Minhas emoções?
  Eles também estão mudando constantemente. Às vezes você está feliz; às vezes você está deprimido; às vezes as coisas estão indo bem com seus amigos e entes queridos; e às vezes você é dominado por sentimentos de ansiedade, estresse e tensão. As coisas estão sempre mudando com as emoções.

- E quanto aos meus pensamentos? Eu certamente sou o que penso, então?
  Não há estabilidade em seus pensamentos. Eles são ainda mais transitórios do que o movimento das nuvens no céu. Não existe um único pensamento permanente dentro de você. Cada pensamento está constantemente mudando – ele vem, se manifesta e vai embora. Surge de um mistério, se manifesta em um mistério e se dissolve em um mistério.

Conforme você explora o mistério desta identidade em constante mudança, você vê que todos os aspectos de forma no passado, mesmo todas as suas experiências do passado, não são você neste momento. Essas experiências não estão mais lá, não são mais verdade e não são você agora. Essa experiência é a mesma para o futuro. Você não é seus objetivos, ambições, desejos ou medos. Todos esses são pensamentos passageiros.

Quando você realmente examina todos os elementos com os quais você normalmente se identifica, seja externa ou internamente, não há nada que seja permanente. É um pouco como o vento. Ao ouvir o vento soprar pelas árvores, reconheça que o vento nunca circula exatamente da mesma maneira. Nunca passa pelas folhas da mesma maneira. O som nunca chega aos seus ouvidos de maneira precisamente igual.

Todas as coisas com as quais você se identifica como você estão, na verdade, sempre mudando. Elas nunca são exatamente as mesmas. Não há nada de permanente nelas ou em você. Portanto, este conceito de um permanente, "eu sou algo" não é estável. Se você se identificar com algo no mundo da forma, descobrirá que tal coisa muda. Sempre é assim.

Verdade no Momento

O que é verdade é o que está surgindo no agora. O coração fundamental deste grande mistério é algo como a clareza do céu, a amplitude do oceano, a refletividade perfeita de um espelho que permite que todas essas formas surjam e se manifestem, e então recebe essas formas de volta em si mesmo.

Minha recomendação é que você faça essa prática por tanto tempo quanto lhe for confortável. Inicialmente, pode ser de cinco a dez minutos por dia naquele lugar muito especial e natural. Não se trata de encontrar alguma resposta conceitual. Mesmo se você estiver se identificando com o conceito de si mesmo como um ser vasto, livre, claro e espaçoso, então você não está na Fonte pura – você está simplesmente se identificando com o conceito dela por um tempo.

Você pode reconhecer alguns momentos em que tudo para. Os pensamentos, as percepções e os sentimentos simplesmente cessam. Existe uma pequena lacuna entre os pensamentos e os sentimentos. Nessa lacuna, pode surgir uma semente da verdade de quem você realmente é. Se isso acontecer, simplesmente descanse na pura essência dessa realização por tanto tempo quanto ela estiver lá. Não a segure, não tente agarrá-la. Com o tempo, haverá períodos em que você poderá descansar na Fonte de uma maneira muito natural e não-fabricada.

Recomendo que você faça a prática "Quem sou eu?" por toda a sua vida. Ela nos foi legada diretamente por um dos maiores mestres iluminados de nossa era, como sua mais alta recomendação.

Prática Descansando na Fonte #2: Virando a Luz

Você tem explorado como suas percepções de visão, audição, paladar, olfato e tato o colocam em um estado de conexão e comunhão contínuos com toda a Natureza. Esses mesmos sentidos podem, com a ajuda da Natureza, nos levar de volta à própria consciência da Fonte. Para experimentar a Fonte por meio de seus sentidos, é necessário inverter completamente suas percepções. Em vez de se perder no mundo exterior da natureza exterior, você talvez possa rastrear cada um de seus campos perceptivos de volta à sua origem. Há uma prática maravilhosa da tradição taoísta chamada "inverter a luz" que permite que você realmente experimente o ponto em que todos os sentidos surgem de um estado de vazio interior da Fonte primordial.

Anteriormente, você explorou a maneira pela qual suas percepções podem ser cultivadas – como podem ser apreciadas como uma forma de entrar em profunda conexão e, em seguida, união com toda a magnífica Natureza. Com a prática de virar a luz, você começará o exercício de maneira semelhante, mas ao invés de descansar no contínuo de conexão, você seguirá suas percepções de volta à Fonte.

Como metáfora, a prática de dar a volta à luz é semelhante à utilização de uma lanterna, mas em vez de iluminar o espaço diante de você, você inverte a luz e a direciona para si mesmo – para a sua essência Fonte.

Virando a Visão

Concentre-se em uma árvore. Deixe sua mente descansar naturalmente na experiência de ver aquela árvore. Sinta a conexão natural com aquela árvore que você vê diante de você e conecte-se com a sensação da árvore que está surgindo dentro de você. Essa árvore está tão igualmente dentro de você quanto na sua frente, porque você a percebe de dentro. Ela pode ter uma realidade externa, mas a experiência dela é totalmente interna.

Em vez de ir para fora com sua visão para ver aquela árvore, vá para dentro com sua visão para seguir a experiência de ver a árvore. Dedique-se a ver a árvore mais e mais profundamente em seu interior, até chegar ao ponto de origem dentro de si. Em outras palavras, você segue a experiência da luz daquela árvore tão profundamente quanto for possível ir dentro de você. Este processo leva você até essa consciência da Fonte muito pura e cristalina. Leva você de volta ao ponto puro de cognição mais direto e simples.

Perceba que você tem uma comunhão natural com a árvore, porque ela é experimentada totalmente dentro de você. Então, leve esse sentimento um pouco mais longe; perceba que, verdadeiramente, não há outra realidade senão a experiência daquela árvore dentro de você. Em seguida, siga esse sentimento ainda mais para trás, até onde ele está sendo experimentado. Onde você o está experimentando? Onde a experiência da árvore está surgindo dentro de você? Você acabará por descobrir que a experiência de ver é sustentada em seu puro ser.

A visão da árvore é algo como um espelho cristalino. A árvore está penetrando profundamente na vasta clareza reflexiva desse espelho, sua consciência interior. À medida que você percebe isso, também percebe que todas essas outras formas da natureza que você vê com sua visão periférica podem ser seguidas de volta à clareza dessa consciência interior, semelhante a um espelho. Essa consciência sustenta a experiência da árvore e de todas as outras coisas que você vê no ambiente ao seu redor. Experimente tudo isso internamente, no nível mais profundo e com o espelho claro da consciência.

Virando o Som

Siga o mesmo processo de inverter a visão, mas desta vez use o sentido da audição. Fechar os olhos pode ajudá-lo a se concentrar no som. Normalmente, quando você ouve o vento, é como se dissesse a si mesmo, "Eu ouço o vento. Está ali naquela árvore." Porém, dessa vez, siga o som do vento movendo-se pela árvore internamente, acompanhando-o de volta ao seu ser. Siga o som do vento movendo-se nas árvores, movendo-se para seus ouvidos, movendo-se para a própria consciência perceptual e então movendo-se para aquele lugar onde você começa a rotulá-lo como vento em sua mente. Agora, siga o som ainda mais profundamente, a um nível que está além dos rótulos. Os rótulos "vento" e "árvore" surgem de um nível muito mais profundo de consciência, que é a própria consciência semelhante ao espelho.

Deixe que qualquer som que surja o leve de volta àquela consciência clara, semelhante ao espelho, no nível mais profundo dentro de você. Descubra onde acontece a audição. Perceba que essa consciência clara e semelhante ao espelho permite que a audição do vento se movendo pelas árvores surja, se manifeste e se dissolva de volta na Fonte. Isso não demanda esforço algum. Basta voltar a experiência do som sobre si mesma, até o âmago do seu ser.

Invertendo o Tato

Mude suas percepções para o tato. Por exemplo, pegue um galho ou graveto e segure-o na mão. Relaxe e esteja presente com a experiência do toque. Abra-se para ela. Sinta a presença do tato no nível mais profundo de si mesmo. Siga o sentido do toque até abaixo do local onde você o categoriza.

Sinta profundamente em você onde o tato é absolutamente experienciado, puramente como o espelho transparente. Desfrute da experiência de profunda comunhão e da abertura da Fonte com o tato.

Invertendo o Olfato

Dessa vez, siga seu olfato de volta à origem. Permita que os cheiros da Natureza penetrem mais profundamente em você. Siga-os de volta para onde você experimenta a percepção desses cheiros maravilhosos – de volta ao ponto de origem.

Virando o Paladar

Se houver algo no mundo exterior que gostaria de provar, você pode fazer a mesma prática com o paladar. Você pode saborear uma folha de grama ou um pouco de seiva de pinheiro. Siga o sabor de volta à Fonte.

Completando a Prática de Inverter a Luz

Por alguns momentos, apenas descanse na experiência de clareza e amplitude interiores. Permita que todas as experiências de visão, audição, tato, olfato e paladar fluam naturalmente de volta para você. É quase como se você estivesse no centro de uma grande roda medicinal ou mandala, onde esses sentidos se irradiam para o centro de seu ser. No âmago da mandala sagrada está uma consciência absolutamente pura, clara e espaçosa que recebe todas essas dádivas de percepção.

Enquanto você descansa nessa apreciação espontânea de todos os dons da natureza selvagem, permita que eles revelem aquele aspecto testemunhal do seu eu mais profundo, aquela parte do seu ser que é pura testemunha de cada experiência sensorial. Siga todas as percepções de volta para aquela testemunha, de volta para aquela consciência pura. Deleite-se com a dança lúdica da natureza interna na essência mais profunda de sua testemunha interna. Não há necessidade de esforço.

Isso acontece de forma espontânea e natural. Abra-se para a própria consciência espaçosa.

Em seguida, permita que a consciência pura simplesmente descanse nesse auto-reconhecimento. É como se a testemunha interior profunda estivesse simplesmente testemunhando a si mesma. A clareza ampla repousa em si mesma, sem esforço, porque essa é a sua verdadeira natureza. Você realmente não precisa encontrá-la, porque ela já está lá. Tudo que você precisa fazer é permitir que ela seja.

Eu recomendo que você faça essa prática pela manhã e à noite. Fazendo disso um padrão diário, você pode continuar se aprofundando nessa abertura natural. É quase como retirar as mortalhas que obscureciam a sua verdadeira essência. A luz interna começa a brilhar cada vez mais clara. No final das contas, um dia, ela resplandecerá como uma estrela brilhante na vastidão do espaço.

Prática Descansando na Fonte #3: Meditação do Céu

A meditação do céu é uma prática antiga da tradição tibetana do Dzogchen. Ela também é amplamente encontrada nas tradições taoístas e nativas americanas. Essa prática deve ser feita em um local aberto e espaçoso, de preferência com céu limpo. Portanto, encontre um lugar onde possa olhar diretamente para o céu, sem quaisquer obscurecimentos como o Sol, árvores, saliências ou qualquer outra coisa que possa distraí-lo da pura clareza e vastidão do céu. Se você tiver a boa fortuna de ter um assento natural de pedra para meditação ou um conjunto de pedras que podem ajudar a apoiá-lo enquanto olha para o céu, isso é bastante auspicioso.

Na Natureza, um dos professores mais próximos e íntimos da Fonte é o céu. Ao tomá-lo como foco de meditação e repousar profundamente nele, o Pai Celestial pode abrir você para uma profundidade de compreensão da Fonte que nenhum outro aspecto da Natureza pode.

- Inicialmente, é melhor sentar-se com as costas retas e as pernas cruzadas ou adotar uma postura de meditação em pé. Se você é um meditador experiente, pode fazer esta prática deitado em um local horizontal ou inclinado.

- Coloque as mãos nas coxas, com as palmas de forma receptiva. Olhe para o céu de maneira suave, de modo que você veja com todo o seu campo de visão, sem que o foco enfatize um ponto centralizado. O principal objetivo desta prática de meditação é clareza e amplitude. Portanto, ao meditar, abra sua mente para esses dois aspectos – os aspectos de imensa clareza e vasto espaço. A claridade e a vastidão do céu ajudam a inspirar a compreensão de uma clareza e vastidão ainda maior dentro de você, que é a essência verdadeira e clara da Fonte.

- Se houver algumas nuvens no céu, relaxe e concentre sua atenção no vazio do céu. Apenas deixe as nuvens, pássaros ou quaisquer outros seres que estejam voando no céu irem e virem. Permaneça com sua atenção claramente focada no próprio céu. Deixe seus olhos se moverem para a vastidão do céu. Traga sua consciência para seus olhos, e, em seguida, deixe que eles voem para o espaço. Voe para a vastidão ilimitada. Deixe sua mente se fundir com o aspecto claro e espaçoso do céu aberto. Deixe que esta prática ressoe com a consciência semelhante ao céu que reside dentro de você. Deixe a mente descansar no espaço e no aspecto claro do céu. Concentre-se no aspecto de clareza de sua consciência semelhante ao espelho, não nos reflexos.

- Se você vir pequenas luzes ou nódulos dançando no espaço, como uma série granular de pequenas cores do arco-íris, simplesmente deixe isso acontecer. Traga sua consciência e sua percepção de volta à clareza do espaço. Se houver flutuadores passando pelo céu, deixe-os ir e vir como uma nuvem. Traga continuamente sua consciência de volta a uma presença semelhante ao céu.

- Depois de ter se dissolvido no céu externo, traga sua consciência de volta para dentro. Deixe o céu fluir de volta para você. Sinta a imensidão de todo esse espaço claro fluindo de volta para você. Sinta-o se conectando com a sua testemunha interior pura e espaçosa. Deixe aquele céu vasto, indomado e livre abrir a dimensão selvagem interior. Quando isso ocorre, sinta que essa abertura é se torna ainda maior do que a imensidão do céu externo. O céu interior desponta como um espaço interior claro, livre, ilimitado e aberto.

- Sinta a conexão interna natural entre o céu externo e o céu interno. Aproveite a inspiração de como o céu externo e o céu interno se penetram. Deixe que todos os pensamentos, sentimentos, emoções e percepções apareçam naturalmente e se dissolvam no espaço e na clareza.
- Em seguida, observe que, enquanto o céu externo e o interno se abrem em união, um céu ainda mais vasto se abre – um céu mais secreto, o nível mais profundo do seu verdadeiro ser. Este céu supremo contém todas as formas, dá origem a todas as formas e recebe todas as formas de volta sem deixar vestígios, como um dedo escrevendo na água. Descanse nessa vastidão. Relaxe nessa clareza. Dissolva-se nessa amplitude e abra-se nessa luminosidade ilimitada pelo maior tempo possível.
- Muito gentilmente, traga-se de volta ao estado normal de consciência. Reconheça que a consciência semelhante ao céu é a base de todos os estados de ser, incluindo seus estados comuns. A testemunha interior, semelhante ao céu, continua a apoiá-lo e sustentá-lo durante as atividades do dia e da noite. Continue em um estado de reconhecimento desta consciência pura e ilimitada, semelhante ao céu, por tanto tempo quanto puder. Mova-se nesse estado puro e ilimitado, independente do que esteja se passando em sua vida. Permita que esse estado permaneça como sua verdade fundamental durante o dia e a noite.

Guerreiro Espiritual

Você fez uma viagem maravilhosa com a Natureza, tendo este livro como seu companheiro. Espero que muitos aspectos desses ensinamentos tenham lhe tocado. Meu maior desejo para você é que, à medida que sua exploração se fortalece, o poder de cura da Natureza continue a operar sua magia. Possa a sua jornada se aprofundar cada vez que você aplicar os doze princípios para a libertação natural, os seis princípios básicos e as formas de cultivo que aprendemos aqui.

À medida que seu cultivo formal se amplia, como você pode estender o discernimento, a beleza e a tranquilidade que recebe? Como pode trazer essa harmonia para a sua vida cotidiana? A prática do guerreiro espiritual preenche a lacuna entre seu cultivo espiritual com esses seis princípios e sua aplicação em sua vida cotidiana.

O ideal é que você tente passar uma ou duas horas por dia em um lugar natural que você considere pessoalmente inspirador, cultivando os princípios e métodos de apoio que aprendeu aqui. Essa prática permitirá que eles continuem crescendo até que se tornem parte de você. O início da manhã, na hora do nascer do sol, é um momento excelente para o cultivo formal – particularmente para práticas que enfatizam a meditação clara e vasta e o desenvolvimento de energia para renovar a força vital. Outra boa hora para praticar é ao final da tarde e ao pôr do sol. Este é um bom momento para as práticas que liberam as tensões e bloqueios do dia e para o relaxamento profundo. Seja qual for o horário que você escolher, faça desses momentos de cultivo os pontos altos do seu dia; mas não restrinja sua prática apenas a essas sessões formais. Ao retornar ao seu ambiente cotidiano – em casa, no trabalho, em situações sociais – sempre que possível, utilize espontaneamente os princípios e práticas que aprendeu. Aplique-os de forma dinâmica no fluxo de sua vida cotidiana. Para muitos de meus alunos que levam vidas muito ocupadas, recomendo que reservem uma ou duas horas por dia para que, enquanto continuam normalmente com suas atividades, eles coloquem sua ênfase principal na aplicação espontânea de um dos doze princípios ao que quer que esteja acontecendo naquele momento. A grande maioria dos que fazem isso relata que essa é uma das práticas mais poderosas de suas vidas.

Essa abordagem funciona bem para os norte-americanos, que sofrem com a ilusão de que nunca têm tempo suficiente para praticar – meditação, Qi Gong, Yoga e outros métodos formais. Para eles, essa abordagem é a solução definitiva. Nenhum tempo é perdido, porque a pessoa aplica o princípio no qual ela está trabalhando de maneira dinâmica, no fluxo de sua vida cotidiana. A única condição é ela se lembrar do horário em que se comprometeu a integrar o princípio escolhido com sua vida – e fazer.

Para aqueles que são esquecidos, o uso habilidoso de um relógio com uma campainha de lembrete pode ajudar. Cabe a você decidir com qual princípio começar e quando mudar para um novo. Em geral, eu recomendo começar com o primeiro princípio e depois trabalhar até o último ao longo de pelo menos vários meses de prática diária. Também, acho que ter duas sessões de uma hora por dia é muito mais eficaz do que uma única sessão. Por exemplo, você pode escolher cumprir uma hora pela manhã e uma segunda hora à tarde ou à noite. Com o tempo, é uma boa ideia variar as horas do dia escolhidas para as sessões. Essa mudança permite que você aprenda a aplicar espontaneamente os princípios em diferentes situações. Você pode desenvolver grande habilidade para relaxar durante o trajeto para o trabalho, mas perceber que precisa de mais atenção para aprender a relaxar durante a hora da reunião diária da equipe, por exemplo. Depois que você se sentir que completou toda a série de princípios, talvez possa voltar a um princípio que considera precisar de mais atenção e trabalhar com ele por um tempo; esse trabalho pode até ser feito em diferentes horas e em diferentes dias. Ou pode voltar ao primeiro princípio novamente e aprofundar o processo na segunda rodada. Você pode começar com os seis princípios básicos enfatizados neste livro e, mais tarde, voltar para trabalhar na série mais abrangente de doze princípios para a libertação natural que delineei no primeiro capítulo deste livro.

Para ilustrar como essa aplicação espontânea de um princípio pode ser feita, vamos dar uma olhada no princípio de relaxamento. Em seu fluxo através de sua vida cotidiana normal, cada vez que perceber que está tenso, pratique o relaxamento. Faça uma pausa por um momento. Respire fundo na tensão. Lembre-se do princípio e das práticas de relaxamento profundo com que você trabalhou neste livro. Lembre-se da sequência de relaxamento: primeiro, descobrindo onde você mantém a tensão; daí aprendendo como des-contrair esse estresse; então realmente adquirindo maestria no relaxamento; em seguida, abrindo um novo caminho habitual de relaxar na vida; finalmente, então, abrindo a última grande porta, a confiança; para finalmente passar pelo grande limiar, a entrega. Lembre-se da sensação de estar totalmente relaxado no ambiente selvagem e peça ajuda à Natureza. Permita que seu corpo se lembre e retorne a esse estado espontaneamente no agora. Se você se esquecer de relaxar e ficar tenso novamente durante a hora da aplicação espontânea, não se culpe por esquecer – essa é simplesmente outra forma de se perder na tensão e na contração. Em vez disso, traga gentilmente sua consciência de volta ao processo de relaxamento e continue.

Lembre-se, também, de que a energia segue o pensamento. Visualize a energia de relaxamento tomando conta de você enquanto fala com um freguês difícil, um cliente obstinado, um chefe intransigente ou um funcionário estressado. Uma vez que esteja realmente relaxado, você pode ficar totalmente sem distração e presente com eles. Essa energia relaxada e liberta pode gerar uma experiência espiritualmente transformadora para você, para eles ou – o melhor cenário – para ambas as partes.

Tonglen é outra prática que se presta bem à expressão espontânea. Quando testemunhar sofrimento, abra seu coração e inspire-o. Permita que a felicidade natural surja do manancial infinito da Fonte; sinta-a se irradiando a cada expiração, livrando o sofrimento de todos os seres vivos ao seu redor. Quando for apropriado, ensine essas práticas para outras pessoas, para que elas possam se juntar e também ajudar outros seres em sofrimento. Combine seu Tonglen com alguma forma de atividade concreta para ajudar os necessitados. Se as pessoas estão morrendo de fome, leve comida para elas; se as florestas estão sendo destruídas, ajude a plantar novas árvores nativas; se uma planta ou animal está sob ameaça de extinção, trabalhe para salvar seu lar e apoiar sua regeneração.

Quanto mais você pratica esses processos espirituais, mais naturais eles se tornam. Eles também fornecem, para outras pessoas em sua comunidade, um modelo para apoiar relacionamentos de cura entre as pessoas e com a Natureza em todos os lugares. A revitalização curativa da Terra e de todos os seus seres vivos só poderá começar verdadeiramente quando nos curarmos e renovarmos nossos relacionamentos atuais. Nossa cura individual ajuda a curar todas as nossas relações com toda a vida. Da mesma forma, servir para curar todas as nossas relações ajuda nossa cura individual.

A ênfase restante neste capítulo final é em se tornar um guerreiro espiritual a serviço da Mãe Terra. Como enfatizado acima, o serviço compassivo é o cerne da ação libertadora. Como também é enfatizado neste livro, a Terra é nossa igreja e templo humanos comuns e é o suporte para muitos processos iluminadores já explorados aqui. Infelizmente, como a maioria de nós pode perceber, a Terra está sofrendo uma degradação implacável de seus sistemas vivos em todos os níveis. As espécies estão se extinguindo diariamente e ecossistemas inteiros estão desaparecendo sob o ataque da atividade humana. Agora, até mesmo o planeta como um todo está sofrendo os impactos das mudanças climáticas globais induzidas, principalmente, pelo uso e ganância dos humanos por combustíveis fósseis. Além da mudança climática global, uma triste série de vários impactos do ecossistema global está se acelerando – do desmatamento tropical à poluição oceânica grave. E não temos ideia de qual será o impacto combinado de todas essas mudanças tomadas em conjunto – o fator sinergético. Na maioria das tentativas de modelar sistemas globais, esse fator sinergético leva a uma imensa amplificação dos impactos negativos – muito mais do que se poderia esperar simplesmente somando os impactos um por um. Na verdade, estamos todos conduzindo um experimento impensavelmente vasto que está determinando o futuro de Gaia – sem termos a menor ideia de qual será seu verdadeiro desfecho. Tudo o que pode ser dito agora é que a melhor ciência aponta para mudanças profundamente nefastas para toda a vida, a menos que nós, humanos, possamos mudar nossos hábitos. Aqueles de nós que sabiamente já receberam tanto da Mãe Terra deveriam estar na vanguarda dos esforços para transformar este ataque global.

A maioria das sugestões abordadas no texto a seguir são sugestões para atividades. Elas não pretendem ser uma revisão abrangente do que precisa ser feito; ao contrário, elas têm o objetivo de estimular sua própria criatividade nascida de um profundo amor por Gaia. Para aqueles de vocês que foram abençoados com a oportunidade de fazer uma *Sacred Passage* ou uma Busca da Visão, você sabe o que quero dizer. Você recebeu o que geralmente chamo de "empoderamento da Terra". Muitos, muitos outros de vocês receberam este mesmo empoderamento por meio de formas de comunhão que levam à mesma reunião: o ser de Mãe Gaia agora flui nas veias neurais do seu espírito. Com ela você se torna um como um veículo para ajudar a transformar a humanidade em irmãos e irmãs harmoniosos de todas as espécies.

Conforme você se engaja no grande trabalho para ajudar a trazer a humanidade de volta ao equilíbrio e harmonia do ecossistema global, é importante unificar esse processo externo com os princípios e práticas sagrados descritos neste livro. Esta é a essência do guerreiro espiritual. Recomendo fortemente que você pratique a aplicação de todos esses princípios em meio ao seu trabalho para transformar nossa cultura. Se você não fizer isso e, em vez disso, se envolver em criar inimigos e obstáculos como o ponto central de sua consciência, a visão sagrada será perdida. A essência da prática do guerreiro espiritual é trazer cada princípio para o âmago de sua atividade, de modo que a presença da humanidade em Gaia se transforme em uma comunhão de amor e sustentação. Cair na visão que toma aqueles que pretendem destruir a Terra como simplesmente o inimigo seria cair na mesma separação primária que é a causa mais profunda do comportamento destrutivo que eles têm na Terra. Seu desafio é engajar-se no processo de transformação para que possa ver seu inimigo como, na verdade, seu professor. Seus inimigos estão aí para ensiná-lo a realizar o entendimento com você mesmo de que *todas* as formas surgem da Fonte, se manifestam na Fonte e se dissolvem de volta na Fonte, momento a momento. Como o primeiro dos doze princípios afirma claramente, todas as formas aparentemente separadas são, na verdade, apenas uma, completamente interconectadas; no entanto, ao mesmo tempo, eles dançam em aparente separação.

Em seu serviço de guerreiro espiritual para a Mãe Terra, você deve fundamentalmente aprender a abraçar seus demônios internos de medo e raiva conforme eles surgem; seu oponente ajuda a trazer esses demônios à tona para que você possa então transformá-los. Ao transformar esse medo e raiva, a energia e a consciência são libertadas – liberadas para prestar um serviço muito maior na transformação interna e externa positiva do que seria possível se você permanecesse preso e bloqueado, lutando raivosamente contra o seu inimigo. Portanto, ao ler todas as recomendações deste capítulo sobre as maneiras de servir a Mãe Gaia, tenha em mente que esse é o desafio.

Recomendo que, como um guerreiro espiritual, você escolha inicialmente uma série de atividades que você se sente capaz de realizar; não exagere ao aceitar o serviço a ponto de se afogar. Para receber algumas respostas profundas sobre isso, eu recomendo fazer uma Busca da Visão ou *Sacred Passage*. Durante seu retiro individual, coloque a questão de como prestar o melhor serviço e, então, deixe-a ir e permaneça aberto, vazio e ouvindo. A resposta que surgir surgirá de um nível profundo. Tendo escolhido sua gama inicial de serviço, comece o trabalho. O trabalho é pegar cada princípio (idealmente a partir dos doze princípios) por vez e dar-se tempo para colocá-lo em prática. Inicialmente, mantenha a simplicidade e concentre-se em um princípio de cada vez – para ser aplicado no serviço para o trabalho da Terra que você escolheu. Com o tempo, passe sequencialmente por cada um dos doze princípios para a libertação natural dessa maneira. Ao concluir esse ciclo, você terá realizado uma extraordinária transformação interior por meio da atividade de guerreiro espiritual.

Na maior parte do tempo, será mais fácil começar a trabalhar primeiro com um dos princípios iniciais e, lentamente, passar por cada um dos princípios restantes, à medida que sentir que está pronto. Dessa forma, cada princípio estabelece a base para o desenvolvimento fundamentado do seguinte. Por exemplo, suponha que você esteja trabalhando para ajudar a salvar a extraordinária natureza prístina do Refúgio

Nacional de Vida Selvagem do Ártico, no norte do Alasca, da exploração de petróleo. Em seu trabalho, você sente raiva e contração vindo à tona na maior parte do tempo, porque tão pouco progresso está sendo feito para proteger o refúgio, e o poder econômico, político e da mídia daqueles que desejam explorar a área é enorme. Enquanto faz seu trabalho, você conscientemente relaxa em sua raiva, tristeza, tensão e contração. Ao ganhar maestria sobre esse processo, você começa a sentir que toda a energia bloqueada se derrete e não se sente mais paralisado pela situação. De fato, você começa a se sentir cada vez mais energizado, com muito mais energia disponível para fazer seu trabalho como guerreiro. Em algum ponto, você se sente pronto para se concentrar no próximo princípio, a presença. Embora tenha conseguido liberar muito mais energia por meio da maestria do desbloqueio relaxado, ainda sente a distração puxando sua mente; sua capacidade de foco é deficiente. Os pensamentos surgem descontrolados, como: O que pode acontecer se a estratégia errada for escolhida? Como os problemas passados que não foram resolvidos podem afetar a batalha? Onde as ações futuras poderiam destruir qualquer esperança de sucesso? Para esse tipo de mente, a presença é aplicada espontaneamente no processo de pensar sobre estratégia e em suas ações. Além disso, você pode querer apoiar o fortalecimento da presença por meio de alguma prática formal de meditação para fortalecer o foco concentrado. Em pouco tempo, sua habilidade de ficar claro, calmo, relaxado e focado no processo em questão se desenvolve. Você descobrirá que sua energia está muito mais poderosa, porque uma quantidade pequena dela está sendo dissipada em preocupações supérfluas. Como guerreiro espiritual, sua capacidade se fortaleceu e muito mais está sendo realizado externamente. Internamente, os princípios de relaxamento e presença estão ancorados em um nível muito mais profundo do seu ser.

Agora vamos dar uma olhada em uma série atividades do serviço da Terra. Qualquer uma delas pode fornecer a você a base para refinar os princípios internos do guerreiro espiritual.

À medida que aprende a andar com leveza na Terra, você pode querer fazer algo em sua própria comunidade para ensinar as pessoas sobre como cultivar o Espírito com a Natureza ou para ajudar a revitalizar a Terra. Existem muitas outras pessoas ao redor do mundo com visões iguais ou semelhantes. Entre em contato com grupos já formados e trabalhe em conjunto para criar uma comunidade harmoniosa e renovar o relacionamento com todos os seres vivos. Se você se sentir motivado a fazê-lo, ajude a formar um grupo da Fraternidade do *Way of Nature* em sua própria área. Contate o *The Way of Nature*™ para saber como trazer guias e professores para ajudá-lo a começar a aprofundar as práticas com seu grupo. Considere estudar e praticar para se tornar um guia de *Sacred Passage* em sua região. Contate suas escolas para encontrar maneiras de trazer de volta o contato com a Natureza para a educação. Trabalhe com as escolas para fornecer aos alunos períodos regulares sozinhos na Natureza, em circunstâncias bem protegidas. Promova a introdução, em nossa cultura, da antiga prática dos nativos americanos de fornecer a Busca da Visão como o rito de passagem para as pessoas nos meados da adolescência.

Aprenda sobre a biorregião próxima da sua casa. Se houver possibilidades de ajudar a proteger uma área natural local que tenha qualidades sagradas especiais, comece o processo de proteção. Encontre outras pessoas de espírito semelhante em sua área e trabalhem juntos. Pesquise fontes potenciais de apoio para preservar sua terra natural e sagrada. Vá até essas fontes e trabalhe para que ajudem a proteger e honrar as terras sagradas de sua comunidade. Entre em contato com o *Sacred Land Trust* (www.wayofnature.com) para outras ideias e ajuda para saber como você pode proceder. Lembre-se de que o conceito de preservar as terras naturais e selvagens como sagradas, como o templo ou a igreja, ainda é uma ideia estranha para a maioria dos não-nativos americanos. Esta visão da própria Terra como sagrada, e de certos locais naturais especiais como particularmente sagrados, é um dos grandes presentes dos nossos irmãos e irmãs nativos americanos para todos nós. Estamos muito atrasados em encontrar e proteger lugares sagrados como locais naturais de reverência, fornecidos diretamente pelo Grande Espírito e por Gaia. Um modelo inicial para isso é o *Sacred Land Trust* em Crestone, Colorado; aqueles que estão ajudando a criar este modelo estão fazendo isso na esperança de que a *Sacred Land Trust* de Crestone possa ajudar a gerar milhares de iniciativas semelhantes em outros lugares – e reverter a antipatia ocidental em relação à experiência do sagrado na Natureza. Claramente, se quisermos uma Terra em que humanos estejam em equilíbrio com toda a vida, devemos ter uma espiritualidade centrada na Terra e lugares sagrados naturais para meditar e reverenciar fora de estruturas construídas por humanos. Envolva-se no esforço de ajudar nossa cultura e suas várias religiões a se moverem nesta direção de uma espiritualidade centrada na Terra.

Comece a olhar para sua casa, seu bairro, sua cidade, sua região, sua bacia hidrográfica, seu espaço aéreo e seu estado como sistemas naturais. Descubra como a Terra suporta ecossistemas saudáveis em todos esses níveis. Aprenda como a matéria e a energia circulam por meio desses sistemas e como muitas espécies diferentes apoiam umas às outras para beneficiar todas as formas de vida de uma maneira geral equilibrada e harmoniosa. Estude a natureza e seus ecossistemas incrivelmente diversos e entrelaçados. Estude seu próprio corpo e veja como ele se desdobra de maneira complexa como parte dos sistemas naturais da Natureza. Aprenda como a natureza tenta reciclar tudo. Descubra como Gaia pode pegar toda a decomposição orgânica e resíduos e transformá-los em adubo e solo para um novo crescimento. Explore como a natureza mantém sistemas vivos que distribuem a energia de origem solar por meio de uma extraordinária gama de comunidades e organismos vivos, incluindo você.

Medite e pondere sobre como redesenhar nossas casas, cidades, fazendas e sistemas humanos para que eles funcionam como órgãos saudáveis dentro dos ecossistemas mais vastos que os sustentam. Descubra quais tecnologias ecologicamente sustentáveis, como energia solar e eólica, estão disponíveis e são práticas onde você mora. Você sabe quais alimentos, roupas, água e combustíveis são produzidos localmente? Quais devem ser importados? De onde eles vêm? Quanto capital se esvai da economia local ao enviá-lo para outro lugar em troca de bens produzidos em áreas distantes? Quão estável está a economia em sua área? Quais são as suas dependências de outras regiões e como seus produtos são transportados para você? Que oportunidades existem para acelerar a reciclagem de capital em sua biorregião? O que você precisa fazer ou aprender para viver de forma mais simples, conectada de forma mais sustentável a Gaia? Comece onde você está e cultive um relacionamento mais profundo e ecologicamente mais harmonioso com sua casa, sua comunidade e sua ecorregião local. Compartilhe seus *insi-*

ghts com outras pessoas. Como um verdadeiro guerreiro espiritual, ajude a mudar o campo de nossa cultura em direção a um relacionamento mais equilibrado e harmonioso com toda a vida. Essa é uma das coisas mais importantes que qualquer um de nós pode fazer.

Abaixo, estão listadas algumas maneiras pelas quais você pode começar a fazer essas conexões cruciais. No entanto, não se limite a essas poucas ideias. Quando você medita com a Natureza, faça uma cerimônia de onze direções ou visualização da luz do arco-íris; peça ao Grande Espírito e à Mãe Terra por orientação, por discernimento, pelos meios para ajudar a nós e a nossa cultura a nos transformarmos. Saia em uma Busca da Visão para rezar; faça cerimônias e medite para receber a verdadeira visão de como ajudar nossa atribulada cultura ocidental. Entre em uma *Sacred Passage* para comungar profundamente com a Natureza e tocar a Fonte; dessa profunda comunhão pode surgir uma criatividade que está além das previsões. Você pode receber respostas a perguntas que nós não aprendemos nem mesmo a fazer.

- Plante vegetais, flores e árvores cultivados organicamente. Os viveiros locais poderão aconselhá-lo sobre a seleção e cuidados. Se você não cultiva seus próprios vegetais, descubra onde pode comprar alimentos orgânicos produzidos em sua própria área (estes não são apenas mais saudáveis para o seu corpo; seu apoio ajudará a fortalecer a economia biorregional local, da qual depende o seu próprio sustento).

- Universidades, faculdades e cooperativas de alimentos locais com frequência patrocinam programas de extensão rural. Caso haja um na sua área, use-o para receber dicas sobre controle natural de pragas e ervas daninhas para sua horta e suas árvores (Você também pode encontrar informações na sua biblioteca pública e na internet.)

- Muitos agricultores orgânicos agora oferecem programas de assinatura nos quais você paga um valor fixo pela estação de cultivo e compartilha as safras com outros assinantes. Esta é uma boa forma de comer de forma mais saudável e apoiar práticas agrícolas ecológicas ao mesmo tempo.

- Ligue para o departamento de água do seu município e pergunte de onde vem sua água. Compre um mapa da sua região e explore os detalhes da bacia hidrográfica de sua região. Faça uma caminhada para seguir os pequenos córregos até os riachos e rios maiores. Descubra que outros tipos de vida compartilham a bacia hidrográfica com você. Comece a passar um tempo sagrado nas áreas naturais da sua bacia hidrográfica e comece a se relacionar mais profundamente com plantas, animais, pássaros e elementos da Natureza locais. Descubra onde riachos locais alimentam seu reservatório doméstico. Trace o caminho da água de seu reservatório até sua torneira. Saiba onde fica a estação de tratamento de água e quais produtos químicos são adicionados à água que você usa. Descubra todas as fontes potenciais de poluição que estão presentes, de fábricas locais, empreendimentos domésticos e poluição agroquímica. Descubra fontes naturais locais com boa água e pegue sua água potável de lá, guardando-a em jarras de vidro. Envolva-se com as questões locais de poluição da água e com os esforços para limpar os riachos e rios da sua área. Organize sua comunidade para trabalhar junto com você. Ajude na renovação orgânica de seus cursos de água de todas as formas que puder.
- Ligue para o The Nature Conservancy, Sierra Club, Greenpeace, Conselho de Defesa de Recursos Naturais, Fundo Mundial para a Vida Selvagem, Amigos da Terra, *The Wilderness Society, The Way of Nature Fellowship, Sacred Land Trust* ou outro grupo de proteção ambiental para descobrir o que atividades das quais você pode querer participar. Doe parte do seu tempo e energia para a proteção de áreas naturais designadas, parques, refúgios de vida silvestre, rios selvagens e áreas selvagens. Descubra como você pode ajudar a apoiar a proteção permanente das principais áreas silvestres e sem estradas que ainda existem. Dê atenção especial às áreas de grande importância nacional ou internacional, bem como às áreas naturais e selvagens locais exclusivas onde o seu voto pode fazer toda a diferença. Ligue, mande telegramas, escreva ou envie e-mails regularmente para seus representantes estaduais, nacionais e senadores sobre essas questões. Se possível, marque encontros pessoais para ver seus representantes políticos pessoalmente e promover essas questões ambientais. Organize-se

para a mudança com todos aqueles que você conhece que pensam de maneira parecida e comuniquem-se com seus representantes como grupos inteiros de pessoas. Lembre-se, uma vez que lugares naturais e selvagens sejam destruídos, eles efetivamente desaparecem para sempre. Quando uma espécie se extingue, todos nós e Gaia ficaremos permanentemente mais pobres.

- Voluntarie-se para passar um tempo procurando reconhecer as áreas naturais e locais sagrados em sua biorregião. Desenvolva estratégias para sua preservação e uso racional. Conduza cerimônias de grupo, orações e círculos de meditação com a Natureza para pedir um bom coração e sabedoria para fornecer o que a Mãe Terra precisa.

- Entre em contato com a câmara de comércio local e pergunte quais são as principais indústrias de manufatura em sua área. Peça informações sobre questões de poluição e o que está sendo feito para resolver esses problemas. Envolva-se com soluções inovadoras para o controle da poluição que apoiem o desenvolvimento de novas tecnologias e empresas de sustentação do ecossistema natural. Leia as notícias de negócios para saber como funciona a economia local. Quando você sair para comer, pergunte ao dono do restaurante onde ele consegue a comida que você está comendo. Peça alimentos cultivados organicamente sem pesticidas, fertilizantes químicos sintéticos e modificações genéticas. Eduque sua comunidade local sobre essas questões.

- Investigue quais corporações, bancos e fundos mútuos apoiam apenas negócios verdes e aqueles que são socialmente responsáveis. Mude seus investimentos de aposentadoria e poupança para essas empresas e incentive seus amigos, associados e pessoas em seu local de trabalho a fazerem o mesmo. Da mesma forma, retire seus investimentos de empresas socialmente irresponsáveis e ambientalmente destrutivas e insustentáveis. Exponha na mídia local por que está fazendo isso e pleiteie que os outros façam o mesmo. Incentive seus amigos, a comunidade em geral, as empresas locais, faculdades, universidades e fundos de aposentadoria a transformar todos os seus portfólios em investimentos social e ambientalmente sustentáveis.

- Seja ativo em organizações educacionais locais e estaduais e estimular a educação, a pesquisa e a criação de novas tecnologias em áreas que levem ao desenvolvimento ecologicamente sustentável. Enfatize que a conversão de um sistema cultural ineficiente e ambientalmente destrutivo em uma cultura que está em harmonia com os sistemas naturais demandará uma enorme mudança em pesquisa de inovação, desenvolvimento, criação de mercado e aplicação geral. A boa notícia é que essa mudança para uma cultura ambientalmente sustentável proporcionará uma nova e massiva infusão de criação de tecnologia, abertura de mercados, criação de empregos e novo capital. Para conseguir esse feito, o esforço econômico não é diferente da mudança de foco exigida quando uma nação vai à guerra. Com a guerra, pode haver injeções econômicas nas empresas que produzem tecnologia de guerra – mas o custo em sofrimento é imenso. Em contraste, a mudança para uma cultura ecológica e verdadeiramente harmoniosa proporcionaria grandes e numerosos efeitos colaterais positivos em toda a cultura e economia. Se essa ênfase puder ser criada, ela virá em um momento em que a cultura ocidental precisa exatamente dessa nova visão para evitar a estagnação econômica e social.
- Veja os jornais locais para notícias de atividades favoráveis a Gaia. Essas atividades podem incluir iniciativas para proteger espécies ameaçadas de extinção, limpeza de cursos d'água locais, iniciativas de reciclagem, esforços para reduzir a pulverização ou poluição industrial, caminhadas educativas para reconhecer plantas medicinais, caronas comunitárias, dias de bicicleta para o trabalho, grupos de atividades de arrecadação de fundos para o meio ambiente, educação ambiental... quanto mais você explora, mais você descobrirá possibilidades para aprimorar sua consciência da Terra e de suas diversas vozes. Como o verbete sugere, "Pense globalmente, aja localmente". Tudo o que você faz para curar seu ecossistema local é um passo importante para curar a Terra.
- Peça ao seu empregador para subsidiar passes de ônibus ou oferecer incentivos para caronas ou bicicletas. Apoie a construção de trilhas para caminhada e ciclismo em subúrbios e cidades. Procu-

re maneiras de nossa cultura ajudar a revigorar o transporte em massa e o transporte ferroviário para reduzir a dependência de veículos de passageiros únicos. Compre carros elétricos, híbridos e a biodiesel e empurre a sociedade na direção de uma conversão acelerada para esses mesmos sistemas. Inicie programas de reciclagem onde você trabalha e onde mora, ou pesquise a possibilidade de expandir um já existente.

- Junte-se a um grupo ou clube que celebra a Natureza na sua área. Dependendo de onde você mora, provavelmente haverá grupos dedicados a camping, ciclismo, alpinismo, caiaque, canoagem, observação de pássaros, caminhadas, esqui cross-country, mergulho e snorkeling e fotografia ao ar livre e da natureza. Aproveite essas oportunidades para aprender com pessoas que conhecem o terreno local e para desfrutar da comunidade de outras pessoas que amam a natureza selvagem.
- Torne-se um observador de pássaros. Aprenda a reconhecer as canções de todos os pássaros em sua área. Passe algum tempo aprendendo sobre as plantas e animais de seu ecossistema local e conhecendo-os. Entre na Natureza e faça amizade com esses companheiros de viagem. Passe algum tempo sozinho e quieto em lugares naturais para aprofundar sua comunhão com as plantas, animais e pássaros da vizinhança. Descubra quais plantas e ervas ajudam os curandeiros a manter uma boa saúde ou a curar doenças específicas. Inscreva-se em cursos de rastreamento para aprender a ler a linguagem da Natureza.
- Estude com praticantes de Bach e de essências florais locais para aprender os poderes vibracionais e de cura das essências florais. Trabalhe com elas para purificar seus corpos mental, emocional e energético. Descubra como essas essências o ligam poderosamente à natureza, principalmente por meio de plantas floríferas de seu ecossistema doméstico. Aprenda radiestesia e pratique ao selecionar as essências florais que são úteis para si e para os outros. Por último, torne-se hábil em fazer essências florais locais a partir das próprias flores. Com amigos que pensam da mesma forma, explore os efeitos da utilização destas essências para a cura e crescimento espiritual.

- Pesquise os povos originários que outrora povoaram seu estado. Quais eram seus principais alimentos? Como eles viajavam? Quais recursos naturais, colheitas ou substâncias eles usavam em seus rituais? Quais *insights* eles tiveram sobre como viver em harmonia com a sua biorregião local? Como você pode aplicar esses mesmos *insights* para ajudar nossa própria cultura a tornar seus relacionamentos com a Terra mais harmoniosos? Visto que os ocupantes humanos originais de sua região não dependiam de importações maciças de materiais, combustíveis fósseis ou de uma economia global, seus estilos de vida e costumes podem revelar muito sobre formas ecologicamente sustentáveis de viver compatíveis com a Natureza no mesmo ecossistema em que você habita.
- Investigue a substituição dos serviços públicos que você usa atualmente por outros que usam fontes de energia alternativas e renováveis, como energia eólica, hídrica (especialmente mini-hidro) ou energia solar. Mobilize sua vizinhança, comunidade mais ampla, município e cidades locais para adotar fortes medidas de conservação de energia e substituir combustíveis fósseis e usinas nucleares por sistemas de energia renováveis e ecologicamente sustentáveis. Como todos os procedimentos de energia, as energias renováveis exigem um investimento de capital; no entanto, na maioria das situações, essas fontes de energia podem se pagar facilmente e, na verdade, economizar um dinheiro considerável para você e sua comunidade local. Isso é particularmente verdadeiro quando a conversão acontece com bairros e comunidades inteiros. Ao reduzir a dependência do petróleo estrangeiro, a energia renovável promove a segurança nacional e remove a motivação para interferir nos assuntos dos países ricos em petróleo. A utilização de fontes de energia renováveis também evita que um capital precioso seja exportado, saindo de sua biorregião doméstica, e incentiva a reciclagem de capital dentro de sua comunidade local. Como a maioria das fontes de energia renovável é inerentemente descentralizada (como coleta de energia eólica, mini-hidrelétrica e energia solar), elas dão uma grande contribuição para a segurança nacional porque nenhum ato de guerra ou terror pode derrubar o sistema. Sistemas altamente centralizados, como grandes usinas de carvão

e petróleo ou usinas de energia nuclear, são relativamente fáceis de alcançar e destruir; portanto, mudar para sistemas de energia renováveis altamente descentralizados fortalece consideravelmente a segurança nacional e interna. Além disso, os sistemas de energia renovável estão naturalmente harmonizados com a maioria dos ecossistemas vivos e causam pouca ou nenhuma poluição. Seu uso também contribui dramaticamente para reduzir o uso de combustíveis fósseis e, portanto, para reduzir o aquecimento global.

- Junte-se em grupos e círculos para meditar e orar pela cura da Terra, de uns aos outros e de todas as espécies com as quais compartilhamos este planeta extraordinário. Faça isso regularmente – pelo menos uma vez por semana. Façam coletivamente as práticas deste livro, como a meditação da luz do arco-íris, Tonglen e a cerimônia das onze direções. Trabalhando com outras pessoas, desenvolva meditações, visualizações, orações e cerimônias em grupo centradas no Grande Espírito e na Terra. Pratique-as juntos com a Natureza. Deem atenção à prática de visualização em grupo para ver a poluição de todo tipo transmutada e transformada. Há evidências crescentes de que práticas de grupo como essa podem curar, e até mesmo reverter, formas de contaminação e degradação planetária. Empreste sua força vital para a cura da Terra e de todas as suas espécies de vida com essas meditações e visualizações. Essa prática também deve inspirá-lo a seguir algumas das ações concretas descritas anteriormente.

Essas são apenas sugestões iniciais. Existem maneiras literalmente incontáveis pelas quais você pode cuidar da Terra enquanto, simultaneamente, cultiva seu próprio relacionamento com o mundo natural e aprofunda o cultivo dos doze princípios da libertação natural. Conforme você se engaja para produzir essas transformações ambientais, carregue a essência do guerreiro espiritual com você. Não importa qual seja o desafio, permaneça relaxado, esteja presente e irradie um coração aberto. Retorne à sua natureza original. Descanse na fonte.

Reflexões Finais

Eu gostaria de deixar você com apenas alguns pensamentos. Para todos nós, a vida é muito curta. Nenhum de nós sabe quando essas formas que chamamos de eu terminarão. Eu espero que as práticas e os princípios que compartilhei ao longo deste livro enriqueçam muito a sua vida – independente de quantos anos você permaneça nos braços da Mãe Gaia. Já que agora você recebeu esses princípios de libertação e alguns métodos que apoiam seu desenvolvimento, por que não levá-los a sério? Cada princípio contém uma semente libertadora. Quando você adota as práticas que ajudam essas sementes a germinar, um potente processo de libertação é germinado. Passar tempo sozinho com a natureza aduba esse crescimento. A meditação natural, o desenvolvimento da energia, a cerimônia e a oração regam a florescente árvore da vida.

Essas formas de cultivo permitem que você se mova muito profundamente para a essência alegre e verdadeira. Portanto, passe o máximo de tempo possível cultivando a verdade interior com a Natureza. A natureza selvagem não-fabricada apoia a comunhão com a nossa essência nua. Simplesmente *estar* regularmente na Natureza pode trazer alegria e felicidade. À medida que os artifícios da cultura desaparecem, nosso rosto original pode ser vislumbrado. Esse vislumbre pode enriquecer sua vida de maneiras que vão além da imaginação. A Busca da Visão pode quebrar a casca da semente que impede o florescimento da liberdade interior. Meia hora, uma hora ou um fim de semana ocasional passado em comunhão com a Natureza e o Espírito, fundindo a natureza interna e externa, pode ser a base para uma existência extraordinariamente rica e plena. Em minha própria vida, a Natureza e o Grande Espírito têm sido os suportes espirituais mais confiáveis e estáveis. Eles têm sido minha igreja e templo, professores fenomenais, grandes amigos, amores maravilhosos e companheiros fiéis na jornada da vida.

A existência é imprevisível - um milagre imprevisível. A natureza selvagem reflete a magia, majestade e criatividade imprevisível do universo e do Espírito. Se você abraçar totalmente a Natureza e "o Grande Espírito que se move em todas as coisas", sua vida será plena, enriquecida e realizada além da medida.

Perceba as danças do Grande Mistério dentro e através de você. Abra-se para a vastidão e o brilho radiante que são o seu verdadeiro direito de nascença. Descanse no estado natural livre e aberto. Permaneça na Fonte.

Sobre o Autor

JOHN AFIRMOU QUE O PROPÓSITO BÁSICO do Programa *Sacred Passage* e da *The Way of Nature Fellowship* é "fornecer e compartilhar um caminho amigável à Terra para a Libertação e sustentabilidade para todas as formas de vida".

Para obter mais informações sobre John P. Milton e seus ensinamentos e programas, bem como suas publicações e materiais audiovisuais, ou para obter mais informações sobre *The Way of Nature*™, incluindo seus grupos regionais e internacionais, contate:

Sacred Passage & The Way of Nature Fellowship
P.O. Box 268 Crestone, CO 81131 USA
(719) 937-7947
www.wayofnature .com

Para encomendar gravações de áudio de John intituladas *Sky Above, Earth Below*, que foram originalmente a base deste livro, contacte *www.soundstrue.com.*